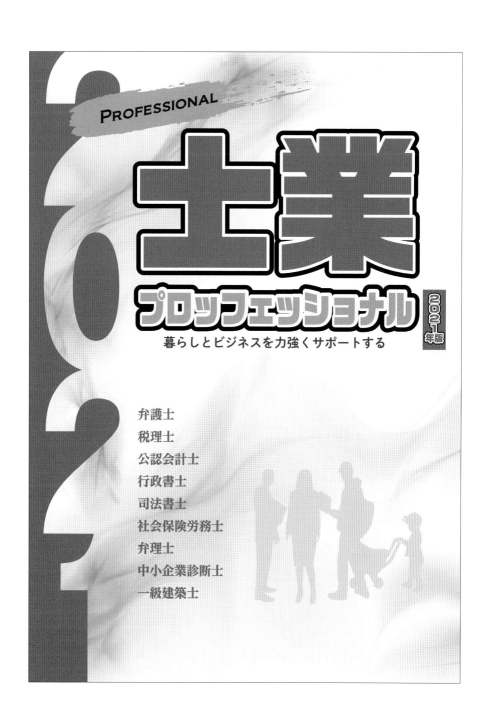

PROFESSIONAL

士業
プロフェッショナル

2021年版

暮らしとビジネスを力強くサポートする

弁護士
税理士
公認会計士
行政書士
司法書士
社会保険労務士
弁理士
中小企業診断士
一級建築士

浪速社

「士業プロフェッショナル　2021年版」
―暮らしとビジネスを力強くサポートする―

はじめに

新型コロナウイルスは依然感染収束の兆しが見えず、社会生活の全てにわたって「ウイズコロナ」の新常態（ニューノーマル）への変容が求められています。社会の少子高齢化が進み生産年齢人口の減少が危惧される中、コロナ禍が追い打ちする形で先行きに対する社会不安が増大し、長期にわたる景気の低迷も加えて、暮らしのあらゆる場面で歪みやストレス、リスクが顕在化しています。

こうした時代背景を受けて、今日ほど法人、家庭（個人）を問わず、様々なトラブルや問題解決に取り組む「社会と暮らしのかかりつけ医」としての士業専門家の皆さんの存在を頼もしく思うことはないといえます。時代と共に法改正に伴う行政、教育、税制など社会生活を送る上で様々な制度改革が行われ、士業の業務それ自体も時代の推移に機敏に対応した不断の変革に迫られているといえます。同時に、持続可能で豊かな経済活動、安定した国民生活の実現に寄与する士業の役割がより重要性を増し、守備範囲の拡大と同時に士業がそれぞれの専門分野のエキスパートと連携して、依頼者の多様なニーズに的確に対応できるワン・ストップサービスの提供が求められています。

新型コロナウイルスの感染拡大で、今多くの企業がかつて経験したことのないような厳しい経営環境に置かれています。コロナ禍で経済は大きく落ち込み、宿泊・飲食サービス、小売業、旅客・運送業を中心に就業者数の減少、新卒者を含めた雇用不安が社会問題化しています。こうした一方各地の事業所では休業、閉鎖を余儀なくされるケースも少なくありません。多くの企業ではテレワーク、就業時間短縮、時差出勤など様々な労務管理上の対応策が取られ、一〇〇年に一度といわれる今回の新型コロナ感染禍の中で、多くの人々が暮らしやビジネス、仕事の面で様々なトラブルや不安を抱えています。

経済活動、社会活動の停滞、将来への不安は、職場や学校、地域社会でのストレスを昂進させ、単に新型コロナウイルスのみならず、社会病理から派生する様々な健康不安を誘発し、家庭内のトラブルや問題を招来させるトリガーともなります。

トラブル社会といわれる現代社会は個人、法人を問わず係争は年々増大し、金銭トラブル、さまざまな権利関係を巡る係争、離婚や親権の争い、相続や事業の承継、税金に関わる係争、破産や整理、就労・労災に関する問題、商取引や金融取引での争いごとなど枚挙にいとまがありません。私たちは、相続から離婚・男女問題、労務問題や事業承継、各種の契約、負債、M&A、知的財産など、経済活動、社会生活に関わる問題解決に、まさに「社会のかかりつけ医」として奮闘する士業専門家の活躍を取り上げ、平成二十四年からシリーズ出版してまいりました。今回シリーズ第五弾として「士業プロフェッショナル　二〇二一年版」を出版する運びとなりました。

本書にご登場いただいた士業専門家の先生方は、それぞれの専門分野で暮らしとビジネスを支えてきた弁護士、社会保険労務士、税理士、司法書士、行政書士、公認会計士、弁理士、中小企業診断士、一級建築士の皆さんです。ビジネスの推進と健全な経営の維持発展に尽力され、個々人の暮らし、社会生活の安心・安全、問題解決に邁進されているプロフェッショナルの皆さんを紹介した本書が、様々なトラブルや問題を抱えて悩む方々の良きガイダンスになれば幸いです。

末尾になりましたが、多忙な中、私たちの取材に貴重な時間を割いてご協力いただきました士業の先生方に心よりお礼と感謝を申し上げます。

令和三年二月

ぎょうけい新聞社

目次

（掲載は50音順）

税理士

公認会計士

行政書士

司法書士

社会保険労務士

士業プロフェッショナル

２０２１年版

―暮らしとビジネスを力強くサポートする―

法理論と人間力を駆使する不倫・離婚問題のエキスパート

直通LINEで24時間
依頼者に寄り添う
共感型法律事務所

銀座さいとう法律事務所
代表弁護士
齋藤 健博

不倫や離婚問題は人間の率直な感情、気持ちがあからさまになる案件ですが、依頼人のために何とかしたいというマインドで取り組んでいます

婚姻件数が年々減少しているにも関わらず令和元年のわが国の離婚件数は21万件にのぼり、前年比約3000件増加した。離婚の原因で多いのが性格の不一致やDV、そして不倫だ。テレビのワイドショーで報道される芸能人やアスリートの不倫・離婚騒動は枚挙にいとまがなく、不倫や離婚それ自体は日常的に見聞きするごく普通の社会現象のようになっている。

この不倫・離婚・男女問題などに真正面から取り組んでいるのが、銀座さいとう法律事務所を運営する齋藤健博代表弁護士だ。日本最大級の法律相談弁護士検索ポータルサイト「弁護士ドットコム」で、登録弁護士として過去30日間ランキング全国1位の実績を誇り、離婚・不倫・男女問題の分野の解決では第一人者として知られる。齋藤弁護士のワークスタイルは型破りで、携帯電話番号とLINEのIDを公開し、事務所の開設以来、連絡があれば365日24時間体制で相談に応じている。まさに型破りの顧客対応で、なかなか実行できることではない。

「どんな状況であれ、当事者にとって離婚や不倫問題は待ったなしです。悩み傷ついている人のもとに一刻も早く駆けつけるのは弁護士として当然だと思います」と語る齋藤弁護士。時を選ばず常に依頼者の相談に真摯に耳を傾ける誠実な人柄に惹かれて、遠方からも多くの人が相談に訪れる。

常時相談受付で携帯番号とLINEアカウントを公開

「困っている人に喜んでもらう」天性の仕事に就く

「困っている人を見るとじっとしていられない」という齋藤弁護士は、自身の携帯電話番号とLINEアカウントを公開し、365日24時間文字通りの年中無休状態で相談を受けつけている。

慶應義塾大学法学部から法科大学院に進み、平成27年にストレートで司法試験合格という経歴から弁護士一筋という印象を受けるが、意外にも最初は弁護士になるつもりはなかったという。

齋藤弁護士が法曹の世界に興味を持ったのは慶應義塾大学卒業後のことだ。最初大学に入学したのは総合政策学部だった。そこでは将来への夢や熱に浮かされたようなその雰囲気に馴染めなかった

銀座に事務所を置く、
銀座さいとう法律事務所外観

目標を語る「意識の高い」同級生が多くいたが、たという。

「自分が一度これと決めたらとことん熱中するタイプですが、興味の湧かないモノにはあまり関わることはしません」と自身の性分を披歴する齋藤弁護士。総合政策学部での学生時代はこれといった目的を見出せないままの大学生活だったという。

しかし卒業が近づくにつれ「このまま社会に出ていいのか」という想いが募り、悩んだ末に「きちんと勉強し直そう」と決心。あえて難関の司法試験に挑むため同じ慶応義塾大学の法学部へ入学した。

朝5時に起床し朝の7時から夜の11時まで机に向かって勉学の毎日だったが、「当時は司法試験合格だけを目標に勉強をしていました。弁護士がどんな仕事をしているかわからない中で、司法試験を受けたようなものです」と齋藤弁護士は当時を振り返って苦笑する。

見事司法試験に合格し、1年間の司法修習を経て平成28年から虎ノ門経済法律事務所に勤務した。

仕事では企業法務をメインに取り組んだ。「専門知識やスキル・経験を積むことによって、困っている人たちに喜んでもらえると気づいた時、心からこの仕事をやっていきたいと思いました」齋藤弁護士が夢中になれるものを手に入れた瞬間だった。

不倫・離婚・男女問題をメインに法律業務全般を取り扱う

身近な問題に特化した、頼れる弁護士として活躍

虎ノ門経済法律事務所でみっちり経験を積んだ齋藤弁護士は、令和元年に「銀座さいとう法律事務所」を開設した。銀座というブランド力の高いエリアを選んだ理由について、齋藤弁護士は、「不倫・離婚・男女問題は相談しにくいセンシティブな分野です。それだけに相談に訪れた依頼者が、元気になって事務所を後にしてほしいとこの街を選びました」と語る。

銀座さいとう法律事務所は不倫・浮気、離婚、男女問題、セクハラ問題を中心に債権回収や企業法務・顧問弁護士、詐欺被害・消費者被害、犯罪・刑事事件、不動産・建築、借金・債務整理など法律業務全般を取り扱っている。初回相談はもちろん無料だ。

不倫といっても「パートナーに浮気をされて許せない」側と、「不倫をしたら相手のパートナーから高額な慰謝料を請求された」側では必要な対応が180度違ってくる。が、銀座さいとう法律事務所は、依頼者一人ひとりの主張や言い分をしっかり受け止めて柔軟に対応していく。離婚、男女問題で双方の慰謝料請求などを巡ってこれまでに豊富な実績を誇る。

依頼者が離婚の道を選んだ場合、協議離婚・離婚調停・裁判離婚などの手法が取られる。手続きや夫

婦の状況によって異なるが、弁護士に相談すれば離婚に対する合意や財産分与、慰謝料、親権、養育費、離婚請求、離婚回避、面会交流などの解決が可能となる。

男女関係のトラブルは日常的な問題であるだけに、弁護士への相談をためらう人も多いが、弁護士が介入すればスムーズな解決につながる。

「男女関係のもつれがストーカー被害につながる恐れもあります。ためらわずいつでも相談してください」と齋藤弁護士は力を込めて呼びかける。

他の弁護士が避けがちな男女の問題に真剣に取り組む

デリケートな分野を肝に銘じ、依頼者の心の琴線に触れる

銀座さいとう法律事務所が高いアドバンテージを誇る不倫、離婚や男女の問題は、多くの人にとって身近な事柄で弁護士への依頼も多いが、一方の弁護士にとっては苦手とする人が多く、できれば避けたいと思う案件だという。

その理由について齋藤弁護士は、「語弊があるかもしれませんが、弁護士が扱う案件では、不倫や離婚などより企業法務の方が恰好いいというイメージがあります。また不倫や離婚は解決までに時間がかかり、きちんと報酬に結びつくかどうかわからないという面があります。このため敬遠しがちなのかも知れません」と解説する。

ではなぜ斎藤弁護士はあえてそこに特化するのか。その理由は2つ挙げられる。1つは不倫・離婚問題で助けを求める人が後を絶たないからだ。「目の前で悩んでいる人の力になることが弁護士

の仕事です。案件によって選り好みすべきではありません」と語気を強める。

もう1つは、不倫や離婚は人の気持ちに深く関われる分野であることだ。齋藤弁護士は弁護士登録以来ずっと、依頼者、相談者の心の琴線に触れる仕事をしたいと思ってきた。報酬を最優先にして、単なるそろばん勘定で仕事をすることを良としない矜持を持つ。

「不倫や離婚問題は人間の率直な感情、気持ちがあからさまになる案件だけに、法的な論拠を伴わない勝手な主張をする人も多いのです。『そんなことは無理』とばっさり切るのは簡単ですが、依頼人のために何とかしたいというマインドで取り組んでいます」

落ち着いた雰囲気の受付で、依頼者を迎える

こう語る齋藤弁護士は、不倫をした側に対する請求や責任の追及が過度になりがちな点を懸念している。確かに不倫は不貞行為だが、「もっと慰謝料を払え」、「会社を辞めて責任を取れ」といった厳しい処分を求める声が強くなっている。

「芸能界でも不倫が報じられて謹慎や引退に追い込まれるケースをよく見かけます。しかし慰謝料で解決すべきと法律できっちり定められているので、依頼人のためにこの原則をしっかり踏襲して解決に導くのが私の仕事です」

不倫や離婚は泥沼化しがちだが、渦中にいる当事者は自分たちがどうしたいのか、何をするべきなのかと周りが見えなくなって冷静な判断ができなくなってしまいがちだが、「そんな時こそ弁護士を頼ってほしい」と齋藤弁護士は力説する。

迅速な連絡と明確な費用設定で依頼者の不安を払拭

困難な場面で人間力が試されるやりがいのある仕事

齋藤弁護士のすばやい対応を可能にしているLINE相談は、とことんユーザー目線で考えた結果の導入で、格段に相談がスムーズになったという。全国からの相談・依頼につながり、顧客の範囲は首都圏を中心に大阪、神戸、名古屋、福岡、札幌などほとんどの主要都市を含む。事案を常時100件ほど抱えているが、多忙を理由に新たな面談を断ることはまずない。

「私が他の弁護士と比較して優れている点があるとすれば、どこよりもクライアントとコミュニケーションを密に取っていることです。LINEでつながっている弁護士はそんなにいません」と胸を張る。

睡眠や趣味などプライベートな時間は取れているのか心配になる多忙ぶりだが、齋藤弁護士はきっぱりと言い切る。

「弁護士に相談したいと思うのは相当な緊急事態ですから、依頼を受けるかどうかは別にして取りあえずすぐにお話を聞きます。できるだけ早く状況を把握したいですし、早い段階で細かなことまで分かれば、色んな対策を考えることができます。多くの弁護士の中から私を選んでいただいた以上、何はともあれ直接会ってお話しを聞きたいのです」

弁護士費用も事務所のホームページ上で、依頼者が一目瞭然でわかるように工夫している。例えば不倫慰謝料は請求する側とされる側に分けて紹介し、離婚は法律の相談料やバックアッププラン、離婚協議書の作成など項目ごとに分けて提示している。

法律的な知識を持っていない人がわかりやすいようにという配慮に加え、「依頼者の立場で考えるとどれくらいの費用が必要なのか、費用の内訳はどうなっているかが気になるはずです。弁護士がどういう作業をするのか依頼者には見えにくいだけに、費用を分かりやすく納得できる形で示すのにこだわりました」と胸を張る齋藤弁護士。

依頼人から電話を受け、その足で現場に駆けつけることも珍しくない。「感情的にもつれてしまった状態を、私が介在してどう導くことができるのか。法理論やその適用だけでなく人の感情にどう寄り添うか、私の人間的な部分が常に試されているので非常にやりがいがあります」

積極的な情報発信で、弁護士に相談する敷居を下げる

仕事への報酬は金銭ではなく新たな依頼が嬉しい

齋藤弁護士はウエブサイトでの情報発信にも力を入れている。発信するにあたって日々の勉強は欠かせない。例えば「弁護士ドットコム」や「離婚ロー」、「刑事事件弁護士ナビ」などでわかりやすい例を取り上げ、多くの人に弁護士の仕事や法律についての情報を伝えている。実際に、それらの情報サイトを見て齋藤弁護士のもとを訪れる人も少なくない。

トラブルに見舞われて悩んでいるが、何をどうしたらいいのかわからない、あるいはこれまで泣き寝入りしていたが何とか解決したいという若い人からの相談をよく受けるという齋藤弁護

不倫、離婚問題のエキスパートとして
依頼者に寄り添う

士。

「私が30代で弁護士の中では若手なので相談しやすいのかもしれません。そういう意味では弁護士に相談すると決心するハードルを下げているのではと思います」

しかし相談者や依頼人が引きも切らず連絡してくるのは、齋藤弁護士の徹底した「依頼人ファースト」の姿勢があってのことだ。

『金銭賠償の原則』という民法の考え方に則り、不法行為はお金で解決するのが前提ですが、依頼人にとってはお金をもらう（払う）ことや金額の大小は単なる結果にすぎません。依頼人が望むのは『気持ちに区切りをつけること』『安心して暮らせること』『迷惑行為が今すぐ止むこと』などです。まずはこうした依頼者の想いに応え、事態の改善を図り、依頼者に喜んでいただくことが私たちの役割だと思います」

常に目の前の依頼者に向き合い、問題の解決に全力を注ぐ齋藤弁護士にとって、仕事の対価は金銭ではなく新たな依頼なのだ。依頼者に向き合う時間や労力は増えるが、「私にとって重要なのは目の前の依頼人を助けることで、業務の拡大は二の次です」と語る齋藤弁護士のぶれることのない眼差しに、多くの依頼人が大きな信頼を寄せる理由を見る。

PROFILE

齋藤 健博（さいとう・たけひろ）

昭和 61 年生まれ。東京都出身。平成 22 年に慶應義塾大学総合政策学部卒業、同 25 年に同大学法学部卒業。同 27 年同大学法科大学院修了後に司法試験合格。同 28 年虎ノ門経済法律事務所に勤務。同 30 年慶應義塾大学法科大学院助教。令和元年 8 月銀座さいとう法律事務所を開設。東京弁護士会所属。

INFORMATION

銀座さいとう法律事務所

https://ginza-saito.com/

所在地

〒 104-0061　東京都中央区銀座 2 丁目 4 番 1 号
銀楽ビルディング 503E 号室
TEL　03-6271-0744　FAX　03-6271-0745
弁護士直通 TEL 070-2627-6876
LINE ID　bengoshisaito

アクセス

東京メトロ有楽町線 銀座 1 丁目駅 5 番出口から徒歩 1 分
JR 有楽町駅から徒歩 5 分

設　立

令和元年 8 月

主な業務内容

不倫、離婚問題、男女問題・子の引き渡し、セクハラ問題、労働問題、債権回収、企業法務・顧問弁護士、詐欺被害・消費者被害、犯罪・刑事事件、不動産・建築、借金・債務整理

モットー

一緒に解決に向けて歩んでいくー 。共感が原動力。共感型の弁護士活動で、依頼人の幸せを追求したい。

知財権問題解決を最大の強みに、地方に変化を起こす法律事務所

気軽に相談できる町医者のような存在を目指す

はばたき法律事務所

代表　弁護士

羽鳥　正靖

クライアントに心を開いてもらうため、密なコミュニケーションを心がけています

ある日突然、「貴社のサービスは当社の特許権を侵害しているので、直ちに停止してほしい。できないなら法的手段に訴える」という警告文が送られてきたら。あるいは他社が自社商品のコピーを勝手にネットで販売し、権利が侵害されていると分かったら。そんな時、あなたはどう対応するだろうか？　こうした事態は決してありえない話ではなく、知的財産権（知財権）に対するリスク意識が低いと現実に起こりかねない問題だ。知財権を巡るトラブルは、「知らなかった」で済ますことができないケースも多い。そもそも知的財産とは何か。人間の知的活動によって生み出されたアイデアや創作物などの総称で、知財権はそれらを保護するための権利だ。

例えば新しい技術的なアイデアを保護する「特許権」、物品の形状や構造、組み合わせに関する考案を保護する「実用新案権」、斬新なデザインを保護する「意匠権」、商品やサービスの区別に使うマーク（文字・図形など）を保護する「商標権」などがある。これらは産業財産権と呼ばれ、あらゆる業種、業界のビジネスに密接に関係している。

この知財権に強い事務所として群馬県で広く知られているのが、はばたき法律事務所だ。

知財権を最大の強みに、多様な案件にマルチに対応

弁理士と連携し権利取得から侵害防衛までワンストップに

はばたき法律事務所代表の羽鳥正靖弁護士は「生まれ故郷の群馬県に、気軽に相談してもらえる町医者のような弁護士事務所を作ろう」と独立を決意し、令和2年1月に開業した。クライアントに寄り添う姿勢を大切に、法人から個人まで様々な相談や依頼に対応しつつ、弁理

町医者のような気軽に相談できる事務所を目指す
はばたき法律事務所

士として活躍する父親の羽鳥亘氏をはじめ多くの弁理士とタッグを組み、知財権の取得からトラブル解決までワンストップで対応できるのが大きな特徴だ。

　はばたき法律事務所が扱う案件は企業法務から一般民事まで非常に幅広く、法人に対しては知的財産権、企業法務・顧問契約、負債整理・事業再生、債権回収・法務問題などに対応している。また個人では離婚・男女問題、遺産相続、労働問題、インターネット問題、借金・債務整理、交通事故、後見、不動産・建築、刑事事件など多様なニーズに応えるオールマイティな事務所だ。

　その中で、はばたき法律事務所が最も大きな強みとしているのが知的財産権（知財権）の分野だ。羽鳥代表は「特に商標権、特許権、意匠権、著作権や不正競争防止法などに関する権利侵害の防衛に強いのが私たち事務所の大きな特長です。知財分野においては、群馬県でほぼ唯一の法律事務所と自負しています」と胸を張る。知財権に強い理由は、知財権の取得からトラブル時の対応までを丸ごと対応できる点で、地方では稀有な法律事務所といっていいだろう。

「特許商標事務所で代表弁理士を務める父をはじめ、群馬県内の弁理士事務所と提携して業務を行っています。弁護士と弁理士の連携によって強固なサポート体制を築き、知財権の取得や権利侵害の防衛はもちろん、取引契約書の作成や戦略的なアドバイスの提供など、法的サービスを一元化しています」

　羽鳥代表のいう権利侵害の防衛とはどういうことか。例えばクライアントが商標として登録している屋号や商品、サービス名などが勝手に使用され、商標権が侵害されたとする。この場合、侵害した相手に対して商標の使用停止を求める文書を送付し、被害を防ぐといった対応のことだ。

「東京や大阪などの大都市では、知財権についてワンストップでサポートする事務所はたくさんあります。しかし群馬県などの地方ではまず見当たらないので、わざわざ遠く離れた大都市まで相談や依頼に出向かなければなりません。このため群馬県の事業者に、知財権に関して一貫したサービスが提供できればと思っています」

権利意識の高まりとともに、知財権の重要性は高まる一方だが、「大企業以外は関係ない話だ」、「そこまでしなくても事業に差しさわりはない」という経営者は少なくない。しかし近年、知財権は規模の大小に関わらず企業の権利を守るためにますます切実な問題となっている。

中小企業こそ知的財産権の認識を高めることが必要

知財権問題の案件は、はばたき法律事務所の得意分野

はばたき法律事務所は中小企業に関わる知財権問題を専門分野としているが、羽鳥代表は独立以前から多くの中小企業をクライアントに持つ法律事務所で企業法務を担当していた。地方の中小企業がどんな問題を抱えているのか、またそれらをどう解決すべきかについて現場でみっちり学んできた実績をもつ。あるクライアントの特許権侵害請求を扱ったケースでは、およそ一千万円の和解金を勝ち取ったこともあるという。

海外に比べて日本では知的財産権に対する意識がまだまだ低く、特に中小企業にその傾向が強い。

特許権・実用新案権・意匠権・商標権のいずれかを所有している中小企業は全体の10・1％に留まり、特許権では大企業が中小企業の9・9倍、実用新案権では9・7倍、意匠権では17・8倍もの所有率の差がある。しかし知的財産権は決して大企業だけに必要な権利ではない。「むしろ中小企業こそ、知財権に対する認識を高めることが求められる」と羽鳥代表は強調する。

例えば中小企業A社が独自の技術を駆使して、ある部品を大企業B社に納入していたとする。しかしB社はコストを下げるため、A社の技術を海外の企業に教えて取引を始めてしまった。この場合、A社が特許権を取得していなければ泣き寝入りになりかねない。中小企業は大企業に比べ資金力に乏しいため、たった1つの失敗が企業の存続に深刻な影響を及ぼす恐れがある。その意味で中小企業が知財リスクに備えて損失を未然に防ぐことは事業の存続に不可欠な要件ともいえる。

「知財権に関する相談、依頼はますます増えています」という羽鳥代表。例えば自社で商標登録したものを他社が勝手に使っているといったケースや、ある商品の形態を真似して販売したところ、「不正競争防止法」という法律に抵触したという相談などが多いという。

「不正競争防止法に慣れていない弁護士さんでは適切に対応できない場合もあります。まさにそういったケースのトラブル解決こそ当事務所の最も得意とするところです。ぜひ私どもにお任せください」

顧問契約はいわば法務部門のアウトソーシング

訪れる相談者の敷居を低く、初回相談料も60分無料に

全ての案件においてクライアントとの
コミュニケーションを大切にする羽鳥代表

はばたき法律事務所のクライアントの多くは、同事務所の知財権問題への対応を高く評価して顧問契約を結んでいる。

「法人は継続的な案件が多いので顧問契約をお勧めしています。一定の範囲内で何回でも相談でき、社内に法務担当人員を雇う人件費よりずっとリーズナブルです。自社の法務部門をアウトソーシングすると考えていただければいいと思います」

実際クライアントにとって、顧問契約を結ぶメリットは大きい。まず知財権の侵害行為の追求に伴うリスクを軽減することができる。企業間で特許に関するトラブルが起きた場合、訴えた相手から逆に訴訟を起こされることも珍しくない。そんな時に弁護士に相談すれば、リスクマネジメントを含めたアドバイスが期待できる。その他にも侵害行為の中止・差止請求、損害賠償請求などに対応してくれる頼もしい存在となる。第二に手続きにかかる手間や時間を短縮できる。知財権のトラブル解決の手続きには非常に多くの書類作成が必要で、多くの時間がかかるがそれを事務所が代行して行う。はばたき法律事務所では、こうした知財関連以外にも契約書のリーガルチェック、労働問題対応、債権回収などにも対応している。

「どのような問題でも気軽に相談に来ていただける事務所でありたい」と強調する羽鳥代表。

「弁護士事務所に相談したら裁判をしなければならないと

思いがちの人は多いですが、そんなことはありません。まず困りごと、悩んでいることをとことんお聞きすることが私たちのスタンスです。そのため初回相談の60分は無料にしています。本当に気軽に『ちょっと話を聞いて欲しい』という感じでお越しください」

羽鳥代表は弁護士事務所を訪問する際の心理的な敷居を下げることを常に意識している。初回60分無料というシステムにも、深刻な問題になる前にフラリと寄って悩みを話せる、町医者のような法律事務所を目指すという想いが現れている。

クライアントとの密なコミュニケーションこそ信頼のカギ

問題解決の鍵を丁寧なヒアリングで見つける

これまで様々な実績を残し、順調に弁護士キャリアを重ねてきた羽鳥代表は、弁護士という仕事の魅力について、「クライアントの人生に対して重責を負う仕事ですが、問題の解決に向けてうまくことが運んだ時には大きな充実感があります」と語る。そんな羽鳥代表が仕事をする上で最も重視しているのが密なコミュニケーションだ。

「法律の専門家として、クライアントが望む請求内容が相手方に通るか通らないか冷静に見極め、適切にアドバイスすることが重要です。それは『どれだけ依頼者の心を開くことができるか』にかかっています。なぜならそこに問題解決のヒントが隠されているからです。従って密にコミュニケーションをとって、クライアントと一緒にさまざまな困難を解決していくことをいつも心がけています」

全ての案件でクライアントとのコミュニケーションを大切にする羽鳥代表だが、とりわけ相続分野の案件においては、クライアントや相手側と念入りに話しをする。相続で協議を行う場合は双方が納得しなければ話は進まないが、納得するポイントは人によって異なるためだ。羽鳥代表は、「コミュニケーション第一」に徹して相続人が納得しない場合も、丁寧なヒアリングを行い、双方をうまく調整して協議をまとめていく。

「訴訟という手段は依頼人側が有利な状況であれば当然手段としてあり得ますが、不利な状況であれば協議で終わらせることも検討するべきです。しかし、クライアントの気持ちを汲んで不利な状況でも訴えを起こす場合があり、可能な限りクライアントの気持ちを汲んだ上で対応するよう意識しています。もっとも、訴訟では様々な労力や手間暇、そしてお金などのコストがかかりますので、そういったことはきちんとご説明し、その上で最終的なご決断をお願いしていきます」

クライアントとコミュニケーションを取る際は、決してかしこまらず、わかりやすくフレンドリーな接し方を忘れないという羽鳥代表。その姿勢には誠実さが溢れている。

知財権の潜在的な需要を掘り起こし、裾野を広げる

地方でも知財案件を解決できるシステムづくりを

地方で知財権に関するトラブルや問題が発生した場合、多くの場合大都市の法律事務所や専門のアドバイザーに相談するケースが多い。そのため地方の弁護士は知財権の案件を扱う機会が少なく、必要な経験を積むのが難しい。このためはばたき法律事務所では、まず群馬県内でより多くの人に知財権の重要性について知ってもらうとともに、地元群馬で知財権に関する案件処

弁理士である父の羽鳥亘氏とタッグを組み、知財権の問題をワンストップで解決する

理の拡大に努めていく構えを見せる。

「例えば、知財権をうまく使うことによって企業ブランドを高めたり守ったりするメリットがあります。こうした認識が高まることで、『知財について一度弁護士に相談してみよう』という人が増え、知財案件が増加するという好循環が生まれ、群馬県内の法律事務所全体のレベルアップにも繋がるはずです」

「特許権や意匠権など専門的な分野は東京地方裁判所の専属管轄なので、東京地方裁判所でなければ裁判は起こせませんが、商標権侵害などであれば地方でも裁判ができます。群馬県で知財を取り扱える弁護士が増えれば、やがては群馬県内の裁判所で知財の裁判を行う気風もできるのではないかと期待しています」

今後は事務所の法人化も考えているという羽鳥代表だが、「まずは群馬の皆さんの相談を解決して弁護士事務所をより充実させていきます。ゆくゆくは他の地方にも知財権を専門としながら他のあらゆる分野もカバーできるような街の弁護士事務所をつくっていけたらと考えています」と今後の展望を語る。

知財権に強い法律事務所として、地元群馬に地歩を固めるパイオニア的存在のはばたき法律事務所。羽鳥代表の熱い想いと信念が、群馬から地方を変える力の源になっている。

PROFILE

羽鳥 正靖（はとり・まさやす）

昭和 62 年群馬県生まれ。一橋大学法学部を卒業後、立教大学大学院法務研究科を経て弁護士に。群馬県の大手法律事務所で実務経験を積み、令和 2 年 1 月にはばたき法律事務所を設立。地元の弁理士と業務提携し、特に知的財産権に関する業務に強みを持つ。平成 30 年から群馬県発明協会の知財専門家・派遣専門家および日弁連接見交通権確立実行委員会の委員を務める。知的財産管理技能検定 2 級を所持。

INFORMATION

はばたき法律事務所

URL　https://habataki-law.net/

所 在 地

〒 371-0055　群馬県前橋市北代田町 174-43　2 階
TEL　027-289-4172　FAX　027-289-4174

アクセス

・車の場合　前橋 IC から約 26 分 (約 15.3km)
・電車の場合　上毛電鉄中央前橋駅から車で約 10 分 (約 2.7km)
・JR 群馬総社駅から車で約 19 分 (約 6.0km)

設　　立

令和 2 年 1 月

事業内容

〈個人のお客様〉
離婚・男女問題、遺産相続、労働問題、インターネット問題、借金・債務整理、交通事故、後見、不動産・建築、刑事事件など
〈法人のお客様〉
知的財産権、企業法務・顧問契約、負債整理・事業再生、債権回収・法務問題など

企業理念

わかりやすく丁寧な説明でお客様に寄り添う最善の解決を心掛けております。

多くの困難な法律問題を解決に導く法実務のエキスパート

依頼者に寄り添い「トラブルを抱えるあなた」を全面サポート

誠大阪法律事務所

代表弁護士

斉藤 良雄

困難なとき、苦しいとき、大切な人生の節目に
最良の解決をお手伝いします

新型コロナ禍によって経済活動の落ち込みとともに雇用環境も急激に悪化している昨今、新常態（ニューノーマル）の時代に対応した変容が社会のあらゆる場面で求められている。同時にこうした時代背景を受けて、法の現実的な運用、在り方も問われているようだ。激動の時代にあって、予期せぬトラブルに見舞われ手助けを求める依頼者、あるいはさまざまな問題を抱えて苦悩するクライアントを、最良の問題解決に導き、サポートする誠大阪法律事務所は、大阪のど真ん中、市内北区西天満に事務所を構える。法律に精通した豊富なキャリアと知識を有する弁護士の斉藤良雄氏が令和2年1月に設立した。長年警察行政に携わり、退官後法曹界に転じた法務のスペシャリストである。

警察庁時代に培った豊富な知見と経験が強み

法律の解釈、争点の分かれ目などを読み解くことが大切

誠大阪法律事務所の代表である斉藤良雄弁護士は、東京大学法学部を卒業後、警察庁に入庁し、警視監を勤めたいわゆる「キャリア組」である。

「学生のころは、将来は国や社会に関わる大きな仕事をしたいとの思いが強く、当時の私には中央省庁の仕事は大変魅力的でした。私の場合、行政の中でもより住民に近い地方の仕事に関心があり、人々の生活に様々な面で深く関わる警察庁に入りました」と振り返る。「法曹も考えないではありませんでしたが、当時はやはりより大きな世界で仕事をしたいとの若さゆえの思いもあり、一度手を付ければとことんやってしまう自らの性格も踏まえ、泥沼に陥るリスクは避けたいと、司法試験には手を出さず公務員一本に絞りました」と笑う。

自らの原点を大学入学後に接した丸山真男の著作と戦争中のインパール作戦だと振り返る斉藤弁

企業法務に強み－企業法務弁護士ナビ

護士は、その思いを次のように語る。

「ヒットラーなどの煽動者が主導した欧州などと違い、戦後の戦争主導者の全員が『自分は内心反対だった。流れは決まっており、個人の判断で動ける状況になかった』と主張する日本の異様な姿を鋭く分析した丸山の論説は衝撃的でした。また、トップが精神論のみに拘泥し、適材配置と称して反対者をことごとく斥け、およそ冷静な分析や合理性のある検討がなされた形跡すら見出せない作戦を強行したインパール。国家によって強制的に駆り出された幾多の俊秀の若い命が、逃げる術のない軍の規律の下この世の地獄と形容される惨状に追い込まれ、失われていった日本の現実を知り、その再発を防ぐことに少しでも関われる立場に自分の身を置きたいと思ったのです」

そのためには権力機関の外からではなく、内にあってその意思決定に関わる立場になることが必要との思いもあって入った警察庁。

警察の仕事は直接人の命に関わるものだけに、在職中は常に緊張を強いられたが、日本国憲法の下で、犯罪を未然に防止し、国民の被害を最小限に抑えることを主眼に「国民の権利と自由を守る」ことを責務とする仕事は、自らの理念にも合い、やりがいがあったと振り返る。

そのような中でも実感したのは、日本社会の不合理さ、力によって虐げられ、理不尽な要求に屈せざるを得ない状況に追い込まれて苦しむ人の多さだった。その本質にインパールにも共通するものを感じ取った斉藤弁護士は、日々社会の現実に接する中で、行政といういわばマクロでの仕事とは別に、分野にとらわれることなく、たとえ微力でも直接そうした人たちの力になれるような仕事ができないかとの思いを抱くようになった。

仕事柄検察幹部や弁護士などの法曹関係者と接する機会も多く、議論を重ねるなどしてその仕事ぶりを身近に感じる中で、このような思いは日増しに強くなっていく。ついには学生時代には関心の薄かった法曹の仕事を念頭に、在職中に旧司法試験の資格を取得したという。

警察庁退官後、弁護士登録した斉藤弁護士は、東京の大手法律事務所で勤務して経験を積み、令和2年に出身地の大阪で誠大阪法律事務所を設立する。

行政官と弁護士では仕事の内容も違うようにも思えるが、不安はないのだろうか。行政で法律職として積み重ねてきた経験は弁護士の仕事にそのまま生きているという斉藤弁護士は、次のように語る。

「キャリアといわれる中央省庁の行政官の仕事は、法案の作成や他省庁との法令協議などに加え、警察庁では法を執行する現場での仕事にも責任者として携わります。警察の扱う分野は幅広く、警備と刑事、交通などそれぞれの分野は全く別の役所と言っていいほど違います。私も在職中はほぼすべての分野を経験しましたが、当然ながら各部門が扱う膨大な法令を始め、実務の細部について全てが予め頭に入っているわけではありません。そうであっても、着任すれば仕事は待ってはくれません。どうしてすぐに新たな分野でプロとしての仕事ができるのか。現行憲法の下での法治国家の仕事は、法の枠組み、考え方がプロとして身についていれば、細かい知識については文献やデータなどを駆使し、各分野の実務に精通した職員に聞くなどして補っていけば、どのような局面にも対応できないことはないものです」

法のプロとして問われるのは、むしろ法的なものの考え方であり、必要な情報が何かを把握する力、そしてその情報をどうすれば入手できるのか、といった点に関する経験だという。

斉藤弁護士には、在職中に旧司法試験の資格を取得した際も、試験のために特別に時間を割いたという記憶はない。「司法試験の科目は多く、試験用の知識という点では学生時代の記憶も薄れ、やはり弱かったですね。正面から知識が問われる短答や口述試験では正直苦戦しました。しかし、具体的な問題に対して法をどのように当てはめていくのか、という点では実務でも経験を積んでいましたから、すぐに考え方、答は浮かび、天王山といわれる論文試験はむしろ楽でした。試験官がそのような考え方や論理の道筋などを評価してくれたのだろうと思っています」とその理由を説明する。

そうした経験に照らせば、現在の弁護士の仕事は何ら違和感がないのみならず、むしろ地域の実情に応じ、全分野

清楚で落ち着いたエントランス

の実務について議会など公の場で着任後直ちに問われた本部長職など現職時代よりもはるかに対応しやすいという。

「私が学生のころは、司法試験というと、牛乳瓶の底のような眼鏡をかけてどてらを着、苦節何年部屋に閉じこもって分厚い六法全書を丸暗記しないと受からない、といったイメージがあり、私自身それに惑わされて敬遠していた面もありましたが、無論そんなことはありません。現在の日本で扱われる法令は気の遠くなる量で、しかも頻繁に改正されます。当然ですが、若い頃からこの道一筋でやってきた弁護士でも専門分野の法知識の全てが頭に入っているという人はいないはずです。問われるのは、目の前の事案に対して必要な法を見極めて正しくあてはめ、適用する力です。ここで問われる力は行政官として培ってきた能力と何ら変わりはないものと思っています」と静かに語る。行政機関の幹部として長年培ってきた豊富な経験と知識が法律の専門家としての知見にプラスして、依頼者に最良の解決策を提案し、速やかに実行に移すことができるのが斉藤弁護士の強みだ。

「実際の事案は一つとして同じものはありません。現行法で適用できる法律は何か、その法律はどう解釈すればいいのか、争点の分かれ目は何なのかを読み取っていかなければなりません。また、それを支える証拠は何か、それを入手するにはどうするか。もちろんこうした点には弁護士、司法界特有の部分もありますが、基本は変わりません。そして、それができる人間こそが真のプロであり、その習得にはどうしても時間と経験が必要ですが、私は社会に出てから一貫してその修養を積んできました。弁護士の仕事というのは、そのような基盤があってこそできる仕事だということを、実際の実務に携わる中で改めて実感しています」

時代とともに変わる法律に万全の対応

悩める依頼者に親身に寄り添い誠実にサポート

「平成の大改正」と呼ばれた改正民法が令和2年4月に施行された。情報化社会、高齢化社会に代表される社会環境の変化に伴い、法律はより時代に即したものへと変わっていく。取引約款や利率など民法の改正に伴う新たなルールに戸惑う人も多い。しかし、警察庁時代の経験から法律の道筋を知り尽くしている斉藤弁護士は、いち早く改正民法への対応も万全だ。「法律は時代に合わせてどんどん変わっていきます」という斉藤弁護士。「90年代にイギリスに留学した経験がありますが、当時はDVとストーカーが最大の社会問題として連日紙面を賑わせていました」。日本には、ストーカーという言葉さえなかった時代である。その後の日本の状況は誰もが知るとおり。関連する法整備も急速に進められ、いずれも社会的にも最も深刻な犯罪類型と位置づけられているといってもよい状況だ。斉藤弁護士は、こうした自身の経験からも、社会に潜む問題の本質を見極めて早期に対応していくことの重要性を改めて実感したと振り返る。法を作る側のマクロの視点から、法によって依頼者を守るミクロの視点に自らの立ち位置が変わった斉藤弁護士は、悩める依頼者に親身に寄り添い、法に基づく入念なサポートを行う。

組織内の様々な問題、パワハラなどにも積極的に対応

企業にコンプライアンス、危機管理の情報提供や対応をサポート

誠大阪法律事務所では様々な案件を取り扱っているが、会社や役所、団体など組織における問題には特に強みがあるという。「昔は司法試験のハードルが高かったこともあり、弁護士の中に組織経験、特にトップとして組織を運営した経験を持つ人は少ないと思います。私の経験に照らしても、組織にはやはり実際の組織責任者としての経験がないと分からないことが多くあります。危機管理を預かる専門組織のトップとして様々な局面でマスコミ対応な

どに従事した経験は、企業法務の分野で真に求められる対応をする上で必ず生きるはず」という斉藤弁護士は、この面での最新の知見の研鑽、習得努力も怠らない。警察という上下関係の厳しい組織の中で仕事をしてきた斉藤弁護士だからこそ、セクハラなど組織で起こる問題にも理解は深い。パワハラ問題を扱う弁護士はまだ少ないが、誠大阪法律事務所では積極的に相談に応じている。「セクハラやパワハラの相談が増えていることは日々実感します。内容も深刻なものが多く、被害に遭われた方の訴えは切実です。仕事ができる優秀な人でも一度このような被害に遭えば、到底本来の力は発揮できません。そのようなリスクのある環境下で企業が真に発展することはできません」と厳しい口調で話す。

問題の多くは組織内に潜在し、幹部が実態を把握できていないケースも多いと斉藤弁護士は指摘する。「こうした問題は、早い段階で本当の実態を把握できる体制を構築すること、そして何よりもそのような土壌を根本的に取り除くことが重要です。そのためには経験をもつプロの手が必要で、できるだけ多くの事業所に、より良い職場環境を作るお手伝いができることを願っています」。斉藤弁護士は、企業がトラブルを起こさない・巻き込まれないための事件を未然に防ぐ取組を進めているという。ひとたびトラブルが発生し、マスコミへの対応など企業としての初動対応を誤ったばかりに長年積み上げた信頼を失い、会社生命の危機にさらされるケースは枚挙にいとまがない。コンプライアンスや危機管理は平素の対策がなかなか取りづらく、いざというときの対応には、実際に危機管理に対応した経験をもつ、法のプロである弁護士の手腕が欠かせない。顧問弁護士をもたない中小企業も多いが、こうした問題は大企業に限ったことではないと斉藤弁護士は警鐘を鳴らす。

「相続問題では弁護士自身の人生経験が大きくものをいう」

顧問契約企業の従業員の相談に応じる、従業員援助プログラムEAP

斉藤弁護士は人の気持ちに寄り添った仕事ぶりに定評がある。特に相続問題は親族など近しい人との意見の相違や利害の対立から生起するが、「被相続者への想いなど、それぞれに複雑な考えがある中で円満な解決を図らなければなりませんが、一方で相続に伴う手続には期限があるものも多く、速やかな解決も求められます。相続問題では弁護士自身の人生経験が大きくものをいうのではないかと思います」という。どういう解決策が一番いいのかを法律に即して検討し、「相続人一人ひとりが自分にとって最良の選択をしてもらうお手伝いができればと思います」斉藤弁護士は税理士などの関係者との連携も重視していると話す。

「依頼者にとって最良の選択をしていただくためには、税理士を始めそれぞれの専門家との緊密な連携が欠かせません。また、地域の特性や文化など直接見えにくい部分への配慮も真の解決を得るためには重要です」と語る斉藤弁護士は、大阪の地であらゆる面に気を配りながら、幅広いサポートを心がけている。誠大阪法律事務所では、顧問契約した企業の従業員の相談に個別に応じる、従業員援助プログラムEAP（Employee Assistance Program）を取り入れている。顧問弁護士といえば企業に問題が起きたときの対処や契約書案等をチェックする業務が一般的だが、EAPを導入している会社では従業員のプライベートの問題を会社の顧問弁護士に相談することができる。「交通事故や離婚、ご近所トラブル、相続問題など、生活していればどうしても大小様々な問題ができてきます。そうしたトラブルに遭えば仕事に影響がでないわけがありません。いつでも弁護士に相談できる安心感は、本来の仕事に集中するための大きな力となり、必ず会社の業績の向上にもつながるものと確信しています」。会社が支払う顧問料で、プライバシーが守られた環境下で安心して相談することができ、従業員と職場の生産性の向上にもつながるというメリットがある。斉藤弁護士は、「まだ始めたばかりですが、安心して働くことができるサポート業務を重点にしていきたい」と意気込む。

誠大阪法律事務所相談室

依頼者に感謝されるときが仕事のやりがいを感じる瞬間

困った方の立場に立ち、困難な状況を一番いい形で解決する

斉藤弁護士が弁護士になって良かったと思う瞬間は、「問題が片付いてクライアントから感謝されるとき」だという。変化の激しい不安な時代だけに、いかに安定して事業を営み、安心した生活が送れるのか？ 斉藤弁護士は、常にクライアントの安心、安定した日々の営みを念頭に置き、そのために万全のサポートを行う。「警察庁時代から常に自分自身が納得できる仕事をすることを目途に仕事をしてきました。これからは弁護士として皆様の問題解決をお手伝いする中で、自分もクライアントも納得して心から満足できる仕事をこなしていきたい」と熱く語る。

「人生の節目に最良の解決をお手伝いしたい。そういう意味では弁護士は素晴らしい仕事でやりがいを感じています」とも。弁護士の報酬は平成16年に自由化され、それぞれの事務所の特色を生かして料金などを自由に提示できるようになった。斉藤弁護士は、誠大阪法律事務所があらゆる立場の人が気軽に相談できる事務所でありたいと考えている。

「お金の面でも安心して相談できることが基本です。お金が目的でやっている仕事ではありませんので、できるだけ多くの人にご相談いただける事務所であることを何より大切にしています。その方にとって一番良い選択になるように、人生の節目を迎えた時に、『やることはやったな』と思っていただければ」

弁護士として何より「誠実」という理念を大切にしているという斉藤弁護士。依頼者のために自分のもつ力を最大限発揮していく。その思いは事務所の「誠」という名に込められている。

「本当に困った方の立場に立って、困難な状況を一番いい形で解決するために法律を提案させていただく。それを地道にやっていきたい」

法実務経験を駆使し、困難な立場の人々に寄り添う頼れる弁護士だ。

PROFILE

斉藤 良雄（さいとう・よしお）

東京大学法学部卒業。警察庁入庁（国家公務員上級甲種）
警視庁新宿警察署、捜査第二課を振り出しに、警察庁（交通企画課課長補佐、官房参事官等）、都府県警察本部（警察本部長、大阪府警察本部交通部長等）、内閣安全保障室（重大緊急事態対処担当参事官補）、内閣情報調査室（調査官）等のポストを歴任、警察庁退職（中国管区警察局長）後、東京弁護士会に弁護士登録。都内大手法律事務所での勤務を経て令和２年１月大阪弁護士会に移籍、誠大阪法律事務所開設。

（所属・活動）
大阪弁護士会遺言・相続センター、大阪弁護士会行政問題委員会

INFORMATION

誠大阪法律事務所

http：//www.makotoosaka.jp/

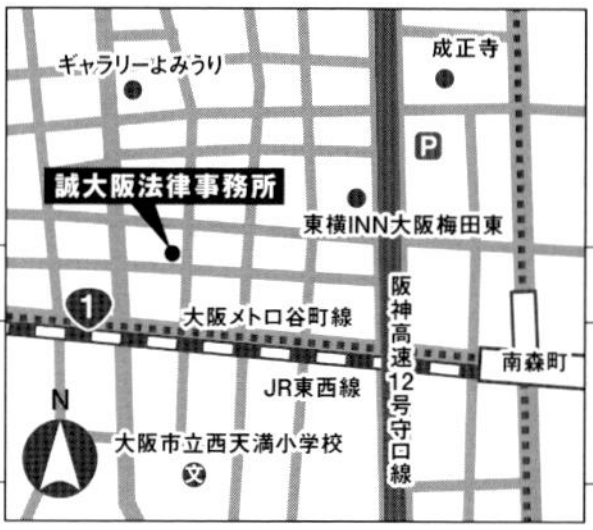

所 在 地

〒530-0047　大阪市北区西天満 5-15-18　実業ビル４階
TEL　06-4309-6035 FAX　06-4792-7125

アクセス

大阪メトロ　堺筋線 / 谷町線「南森町駅」１番出口から徒歩５分

設　　立

令和２年１月

業務内容

相続対策、企業法務、労働問題、不動産賃貸、不動産売買、交通事故、離婚・男女問題、学校問題、債務整理、医療問題、行政事件、近隣トラブル

業務内容

・豊富な実務経験と安心の費用
・お客さまの立場に立った誠実な対応
・丁寧なヒアリングとご説明

経営者を支援し、企業を力強くサポートして日本を笑顔かつ元気に！

クライアントに寄り添う企業法務専門の法律事務所

山田総合法律事務所
パートナー弁護士
山田　長正

クライアントの気持ちや想いを汲み取り、法律を活用しつつ、みんなの智慧を結集して、最後まで諦めず、ベストの解決に導いていきます

2019年に発生した新型コロナウイルスのパンデミックは世界に大きな影響を及ぼし、未だ終結の目途が見通せず、経済面においても、全般的な国内消費の落ち込みから幅広い産業分野にわたって経営悪化が顕著となり、破産・倒産に追い込まれた企業も少なくない。

日本経済が停滞し、先行きも不透明といえるそんな状況の中、関西から日本を笑顔であふれ元気にしようと日々奮闘している法律事務所がある。企業サポートに特化し、労働問題を専門・中心に企業に降りかかる様々な問題に対応している山田総合法律事務所だ。

「企業は人がいてこそ成り立つので、企業が元気になれば、そこで働く人も元気になり、関西ひいては日本全体に活気が生まれてきます。そのお手伝いをさせて頂くのが私たちの役割です」

こう力強く話すのは、山田総合法律事務所パートナー弁護士の山田長正弁護士。

弱者を助けたいという小学生時代からの想いより弁護士を志し、使用者側労働事件を専門に取り扱うことで、「人」を極め、地域貢献をしたいという。

クライアントに寄り添う姿勢を大切にし、どのような相談・悩みに対しても真摯に耳を傾ける。今現在、多くの企業から頼られる存在として多忙な日々を送っている。

孤独な経営者の身近な相談役に

クライアントの話をじっくり聞いて問題解決への道筋を

経営者は孤独だといわれる。経営の悩みをスタッフ、家族にさえも相談しにくいからだ。「そうした経営者の身近な相談相手になることを大切にしています。『話を聞いて貰えて救わ

所内のムードメーカー的存在である石附《いしづき》氏

れた』と言って頂けることもありますので、クライアントからはとことん話を聞かせて頂くようにしています」

もちろん話を聞くだけではない。山田弁護士がクライアントへの対応で何より大切にしているのが、〝道筋をつけること〟だ。「労使トラブル、再生や破産、その他どんな事案であれ、必ず具体的な手段や道筋を示させて頂くことを心がけています。実際、『光が見えた』と言ってもらえることもあります」

山田総合法律事務所には、使用者側労働事件を専門としている関係上、他の弁護士から『法律的に厳しい』ということで依頼を断られたクライアントが、途方に暮れた状態で相談に訪れるケースも少なくない。それでも、山田弁護士はあらゆる可能性を模索し、クライアントの想いや事実を法的に構築し直し、悩み苦しんでいるクライアントを助けるべく、解決へのプランを立てて実行に移していく。こうした、企業経営に関わる困難な事案を幾度となく解決に導いてきた山田弁護士。長年企業法務に専門特化し、知識やノウハウを積み重ねてきたからこそ成せる業だ。

「私は弁護士で法律の専門家ですが、法律は道具程度にしか思っていません。大切なのはクライアントの悩みや要望をしっかり聞いて解決することです。法的な知識やノウハウを備えるのはもちろんですが、答えは現場にあることが多々あり、法律だけでは解決できない方が多いと感じます。そのため、クライアントの気持ちや想いを汲み取り、法律を活用しつつ、皆の智慧を結集して、最後まで諦めず、ベストの解決に導くことが必要です。弱者を助け、正義感を貫きたいという小学生時代からの信念、ハートの部分ではどの弁護士にも負けない自信があります」ときっぱり語る。

使用者の立場に立って専門分野である労働問題に加え、倒産、再生事案等に対応

企業の再生・成長をサポートする『あらた会』を主宰

主に企業の側に立ち、労働者と使用者の間で起こる様々な問題に対応する山田総合法律事務所。労働委員会や労働組合との折衝から、解雇、残業代未払い、労災やセクハラ、パワハラなど対応案件は多岐に渡る。また、中小企業診断士の資格も生かし、企業の売り上げ向上に繋がるコンサルタント業務や、人事考課制度を入れる業務なども行っている。また、人事労務関連の業務に加え、事業承継やM&A、倒産や企業の再生・成長、債権回収といった分野もカバーする。山田弁護士は、「企業の再生・成長サポートに関しては、『あらた会』という組織においても対応させて頂きます」とアピールする。『あらた会』は平成23年に山田弁護士が代表となって発足。税理士や司法書士、社会保険労務士などといった他の資格を有する専門家が所属。各分野のプロフェッショナルが集まって企業の再生・成長を強力にバックアップしている。山田弁護士がパートナー弁護士として弁護士活動を始めてから約10年。この間、コロナ禍も含め、労働組合との交渉や破産手続き、再生へのサポートなど、人の想いが渦巻き、人生の行方が左右されるタフな仕事も数多くこなしてきた。

「会社の破産や再生のご相談は経営者の方の意向が大きなファクターになります。会社を潰すのか再生の道を探るのか。いずれにせよ、クライアントである経営者に寄り添い、その要望あるいは

それ以上のことを達成することはもちろんですが、経営者を人として再起させてもらうお手伝いをすることが私の役割です」

こうして山田弁護士は、「人」を極め、企業を元気にすべく、様々な角度で企業支援を行っている。

山田弁護士が全幅の信頼を置く2人のパラリーガル

ベストの先のパーフェクトを目指して心を燃やし続ける石附氏

山田総合法律事務所には、企業から日々多くの相談が舞い込み、状況もめまぐるしく変わっていく。顧問先企業には「24時間365日いつでも迅速に対応する」とのことで、一つひとつの案件、事案に全身全霊を注いで対応する山田弁護士だが、もちろん一人の力ではできることにも限界がある。そうした中で、事務所内で山田弁護士を支えるスタッフは今現在2人。「いつも助けてくれており感謝している」と山田弁護士が全幅の信頼を置いているのが、パラリーガルの石《いし》附《づき》氏と同じくパラリーガルの西尾氏だ。パラリーガルとは、弁護士監督の下、様々な弁護士業務を補助する職業で、弁護士を医師とするなら、パラリーガルは看護師のような存在といえる。

石附氏は、山田弁護士がパートナー弁護士として開設した当初から所属しているベテランで、大学卒業からずっと山田総合法律事務所での勤務に従事している。様々な仕事をこなしているが、現在は雇用調整助成金の申請や破産管財の事務手続き、山田弁護士の作成した各種書類、訴状の誤字・脱字チェックなどを行っている。

石附氏は「自分がチェックしたものが公に出るので、常に細心の注意を払うことを心がけています。責任の重い仕事ですが、その分やりがいもあります」と話す。

およそ10年仕事を共にしてきた山田弁護士は「仕事は常に粘り強く熱心にこなしてくれます。それにいつも明るく、スタッフの誰に対しても分け隔てなく平等に接してくれるので、所内のムードメーカー的な存在になってくれる唯一無二の存在です」と信頼を寄せる。

「一つの見落としやミスが取り返しのつかない事態になるような緊張感と責任のある仕事なので、どんなにキャリアを重ねても一つひとつ丁寧に事案と向き合っていくことを今後も大事にしていきたいと思っています」と石附氏。

弁護士とパラリーガルがワンチームで事件・案件と向き合う

使命感と熱意、おもいやりで多様なニーズに応える西尾氏

もう一人のパラリーガルである西尾氏は平成25年に事務所に入所し、石附氏と同じく山田総合法律事務所にて長くキャリアを重ねてきた。今は、山田弁護士の作成した文章チェックをメインに、裁判所とのやりとりや破産管財の事務手続き、社会保険の事務手続きや各種調査など、クライアントからの要望・ニーズに合わせて多様な仕事を手掛けている。西尾氏は「仕事を通して色んな知識を学ぶことができ、自分自身の成長を感じられる点もこの仕事の醍醐味かなと思います。大変な点ももちろんありますが、今はやりがいと面白さを感じながら業務を行っています」と微笑む。山田弁護士は「自分が指示を出さなくても、先回りして考えて、自分が望む以上の働きをしてくれて頼りになります。信頼して何でも任せることができるので、今のままでどんどん成長していっ

て欲しい」と石附氏と同様に不可欠な存在として重宝している。

石附氏と西尾氏は「山田弁護士は、脳の活性化と、執務時間を確保する目的で、数年前から昼食も摂らなくなりましたし、いつも限界まで仕事をしようと頑張っている弁護士を少しでも助けられるように、自分たちも現状に満足することなくもっと成長し、パラリーガルのプロフェッショナルとして活躍したい。そうすることで最終的には、少しでもクライアントの方々のお手伝いができるように、これからも精進していきたい」と真っ直ぐに前を見据える。また、「良い意味で弁護士事務所らしくないアットホームさと、スタッフ全体のチームワークの良さが弊所の特徴です。何か少しでも困ったことがあれば気軽に相談に来て頂きたい」と2人は声を揃えて呼びかける。

「スタッフを大切にしたい」という山田弁護士と、2人のパラリーガルが互いをリスペクトしあって、ワンチームで一つひとつの事件・案件と今後も向き合っていく。

事務所設立以来変わらぬ5つの理念

ボランティア活動や講演セミナー活動も精力的に行う

多くの魅力溢れるスタッフが働く山田総合法律事務所には、平成23年1月に山田弁護士が尊敬する父親と共同で設立して以来変わらぬ理念がある。それが、〝1、正義を貫く。2、愛敬と慈悲の心を込めて接する。3、使命感と熱意を持って成し遂げる。4、素直な気持ちで誠実かつ謙虚に取り組む。5、和を尊び感謝・協力を行う。〟というものだ。

「何かに迷ったり、重要な決断や選択を迫られた時は必ずこの理念に照らし合わせて実践します。

事務所全体の行動指針であり、どんなご時世になろうとこの理念は不変です」

新型コロナウイルスや台風、異常気象などの自然災害による被害など、昨今は暗い話題が多い。そんな中で、山田弁護士は一貫して「日本社会を元気にしたい」と高い目標を掲げる。弁護士会が主催するコロナ相談窓口の相談員としての活動や、平成30年に中国地方を襲った豪雨災害の時には、自費で現地に赴いて被災者が避難する学校の体育館内で法律相談を行うなど、ボランティア活動も積極的に行ってきた。

「コロナ禍で、裁判は一時停止しましたが、コロナ禍特有の休業や整理解雇、賃金減額等、法律相談が多く寄せられたので、通常より忙しかったです。ただ、むしろ、そのような時だからこそ多くの方のお役に立つことができ、やりがいを感じていました」と山田弁護士は笑顔で話す。

破産管財や社会保険の事務手続きなど
多様な仕事を手掛ける西尾氏

さらに業務の傍ら、情報発信にも力を注ぎ、各方面から依頼を受ければ、セミナーや講演活動も意欲的に行う。テーマは主に、働き方改革や各種ハラスメント、メンタルヘルス、就業規則や労働問題、企業コンプライアンスといった企業が悩まされる人事労務関連の内容が中心となっている。

「今後も色んな形で社会に貢献し、企業・経営者のサポートを通して社会を元気にしていきたい」という山田弁護士は、企業を元気にするため、近年では弁護士の枠を超え、成長のための経営アドバイスといっ

山田弁護士と２人のパラリーガルが
ワンチームで事件・案件と向き合っていく

たコンサル的な役割もこなしている。

経営者の身近な相談相手としても、ありとあらゆる相談に応じる。そんな山田弁護士のもとに寄せられる相談で今多いのが、日頃から専門分野として携わっている人材雇用の部分。メディアでもよく取り上げられる〝同一労働・同一賃金〟の問題だ。

「近時の改正法の施行に加え、令和2年10月に、同一労働・同一賃金に関わる最高裁判決が出ましたので、その内容を踏まえ各企業に有効なアドバイスができればと思います」

常にクライアントに寄り添い、明るい未来への案内人として企業を正しい方向へと導く存在である山田弁護士。20年近い弁護士キャリアを重ねてきた今でも、法律以外も含め、各種の勉強会に参加するなど、情報収集や自己研鑽に余念がない。

「クライアントの皆さんの笑顔を見るために、私自身弁護士として、また一人の人間としても、もっともっと成長していきたい」

誠実で冷静沈着、物腰し柔らかな雰囲気を醸し出しながら、内には誰よりも熱い情熱を秘める山田弁護士。２人の頼れるパラリーガルらとともに、これからも〝日本の元気〟に貢献していく。

PROFILE

山田 長正（やまだ・ながまさ）

昭和 52 年生まれ。兵庫県出身。神戸大学法学部、同大学大学院法学研究科卒業。司法試験合格後、司法修習を経て、平成 15 年弁護士登録。弁護士事務所勤務を経て平成 23 年 1 月山田総合法律事務所を開設。弁護士。中小企業診断士。経営法曹会議、日本労働法学会に所属。

INFORMATION

山田総合法律事務所

URL　https：//www.yamadasogo.jp/

所 在 地

〒 530-0055　大阪市北区野崎町 6-7
大阪北野ビル 3 階
TEL　06-6362-4132　FAX　06-6362-4135

アクセス

大阪メトロ　南森町駅 1 番出口・6 番出口から徒歩約 8 分
大阪メトロ　東梅田駅　6 番出口から徒歩約 9 分

設　　立

平成 23 年 1 月

取扱分野

・労働事件（使用者側のみ）
　裁判所対応全般（労働審判を含む）、労働委員会対応全般、労働組合対策、就業規則の改訂などをはじめとした労使問題一般（解雇、残業代未払い、労災、配転、出向、労働者派遣、賃金カット、セクシャルハラスメント、パワーハラスメント、ドクターハラスメント等）
・会社関係事案
　株主総会対策、代表訴訟、コンプライアンス、コーポレートガバナンス、事業承継、M & A、事業再生、企業再編等、人事・経営コンサルタント業務

事務所の特徴

企業法務を中心に，使用者側労働事件（労働審判を含む）を特に専門として取り扱っている。また、労働トラブル（労働組合対策 、裁判所対応全般 、労働委員会対応、解雇、残業代未払い、労災、配転、出向、労働者派遣、賃金カット等）に関する対応及び講演を関西を中心に行なっている。

「テクノロジー×税務」で税理士事務所、中小企業を強力に支援

会計事務所業務のロボット化を推進する税理士界の麒麟児

会計事務所RPA研究会株式会社
税理士法人リライアンス

代表取締役　代表税理士

大城　真哉

中小企業の経営を強くすることが
日本の国力を増進し、経済を下支えする
最も重要で喫緊の施策だと確信します

少子高齢化の進展による労働力不足が叫ばれる中で、限られた人員で成果を生み出すため企業の生産性向上は喫緊の課題となっている。特に日本企業の99・7%を占める中小企業の生産性向上は切実な問題だ。そのためには業務全体の効率化に向けた組織の見直し、抜本的な経営改革が必要だが、多くの企業経営において必ずしも成功しているとは言いがたい。こうした中で近年注目を集めているのがRobotic Process Automation（RPA）と呼ばれる、ルーチンな事務作業を自動化するロボットだ。入力業務やデータ集計、紙媒体→一定の資料から電子データへの転記など、一定のパターンに沿って処理する作業が得意だ。このRPAの普及を目的とした「会計事務所RPA研究会株式会社」の代表を務めているのが、税理士法人リライアンスの代表でもある大城真哉税理士である。

会計事務所RPA研究会は、会計事務所専門のRPAを提供して業務の自動化を推進し、北海道から沖縄まで全国240法人と提携。現在、RPA導入シェアにおいて税理士業界No．1の実績を誇り、全国規模でさらなる成長を続けている。精力的な活躍を続ける大城代表の独自のワークスタイルは個性的で型破り、その独創的な発想と視野の広さで会計事務所業務のロボティクスの新たな地平を拓きつつある。

事務作業を効率化するロボット「RPA」にいち早く注目

RPA導入シェアでは税理士業界トップを誇る

奈良県出身の大城代表は大学卒業後、地元の会計事務所に勤務した。やがてある大手IT企業からヘッドハンティングを受け、CFO（最高税務責任者）として5年ほど在籍した。

会計事務所専用 RPA ツール「EzRobot」

そこでの卓越した仕事ぶりが社長の目に留まり、勤務１年目にして独立を勧められた。

ＣＦＯの業務を行いつつコンサルティング会社を経営していた大城代表は、税理士として類を見ない経歴だが、令和元年に、当時のあまり知られていなかったＲＰＡの普及のための組織「会計事務所ＲＰＡ研究会」を立ち上げた。ＲＰＡとは事務作業を大幅に効率化できるロボットで、単純だが煩雑な事務を処理することが得意だが、「当時国内でＲＰＡ製品を扱う会社は２、３社しかありませんでした」という。大城代表はいち早くＲＰＡに注目し、税理士として会計事務専用のＲＰＡを作りたいと考えた。しかし研究会を立ち上げるにあたり大きなハードルが２つあったという。

「１つは、私が代表を務める税理士法人リライアンスの当時のスタッフにとって、ＲＰＡ自体が難しすぎたことです。エクセルをかなり専門的に使いこなすスタッフが数人いたので大丈夫と思っていましたが、ＲＰＡはそのスキルでは歯が立たないレベルでした。プログラムを書けるエンジニアは１人しかいなかったため、一から学んでいく必要がありました」

もう一つのハードルはＲＰＡについて学習し、オリジナルのものを作成するには時間的コストが馬鹿にならない点だ。１からＲＰＡを作っていくのでは非常に時間がかかるため、当時親しくしていた大手の税理士法人や、ＲＰＡを扱っている企業と連携して互いにロボットの作成で協力しあうことになった。

「ＲＰＡを作成して普及を目指すという目標を共有するメンバーで同盟を組織し、全国的な規模で展開を進めています」

こう語る大城代表だが、現在RPA導入シェアでは税理士業界トップを誇る。もっか大城代表は税理士法人代表の仕事が3割、顧問先の社外取締役の仕事が2割、会計事務所RPA研究会でRPAの啓蒙・普及の仕事が5割を占めている。

会計事務所専用RPAツール「EzRobot」を開発

簡単・高性能・安価なRPAを実現、利用者から高く評価

会計事務所RPA研究会は会計事務所専用RPAツール「EzRobot（イージーロボット）」とその専用プログラムの提供・共有、さらにRPA導入・運用の無料サポート、セミナー開催、代理店販売サポートなどを行っている。

EzRobotの最大の特長は必要な機能を厳選し、シンプルでわかりやすい操作を実現したことだ。業務でパソコンを使う人であれば直感的に使いこなせるのが大きなメリットだ。大企業では億単位という予算で導入されることも珍しくないRPAだが、同社では月額44,000円からと非常にリーズナブルな価格で提供している。24時間・365日ミスなく稼働するので、人手不足や残業時間削減にも大きなメリットがある。

EzRobotの強みはニーズに合わせた自動化プログラムが簡単に作成できることだ。「時間がない」「ITは苦手」というスタッフもいる中で、多くの会計事務所に共通するレシピや処理の複雑なレシピを会計事務所RPA研究会が作成し、同研究会に入会した事業者や企業は自由にダウ

大城氏自ら登壇し説明を行う

ンロードできるようにした。また、利用者がEzRobotを十分に使いこなせるよう、勉強会や個別研修などの無料サポートも実施している。

　この他、東京、大阪、名古屋では毎月、福岡、札幌では隔月にRPAの基礎から実践まで4種類のセミナーを開催して手厚いフォローを行っている。またEzRobotを導入した会計事務所を対象に、顧問先へ同ロボットを提案・販売する代理店の組織化も進めている。

「代理店の収入はストック型で、解約がない限り継続されます。顧問収入と並ぶ新たな収入源として多くの事務所から注目されています」と大城代表。現在、会計事務所で約50、一般企業で約30の代理店が形成されている。

　EzRobotの利用者からは「残業対策・人手不足解消などの課題解決における救世主」「正社員の労働時間が数日分、削減された」「EzRobotの素晴らしさを実感したので、代理店活動を通して地域全体で業務改善を進めていきたい」などと高く評価されている。

　大城代表は「会計事務所RPA研究会はRPAを導入してそのメリットを実感している税理士が立ち上げた税理士のための組織です。全国の税理士法人と連携して、確実に役立つロボットを現場目線で開発していること。そして業界最安値での提供を実現していることが、多くのユーザーからの称賛の声が上がっていると思います」と胸を張る。

ＩＴの専門知識を活かし、税理士としてオンリーワンの輝きを放つ

枠にはまらない思考と行動で多くのクライアントを引き寄せる

税理士として異色のキャリアを持つ大城代表は、自らを「変人」だという。多彩なキャリアを積んで幅広い視野で多角的に物事をとらえていく大城代表は、常々中小企業の生産性の低さに想いを馳せてその改善に力を尽くしていきたいと考える。こうした思考の延長線上でＲＰＡの普及というビジネスにつながっていった。

「税理士は毎月顧問先を訪問しますが、中小企業の経営者と定期的にお話ができるのは非常に貴重です。申告された業務だけに終わるのはお互いもったいないことです」という大城代表。

「税理士事務所を例に取れば、ＲＰＡのような事務作業のロボット化が進めば、確かに業務の効率は向上しますが、税理士の顧問料や申告業務の料金は下がっていくでしょう。こうした中でも事務所の経営規模を維持するには、コンサルティング業務など新たなサービスの提供を考えていかなければなりません。中小企業は大企業に比べて情報の収集力に劣るので、経営に有用な情報を中小経営者に提供して事業を力強くサポートできる税理士でありたいと思います」

大城代表はＲＰＡ普及を目的とする全国的なセミナー開催に意欲的に取り組んでいる。コロナ禍のため現在はリアルなセミナー開催は自粛しているが、以前は１カ月に20回ほど実施していた。こうした大城代表のコミュニケーション力もビジネス成功を支える要素の１つといえる。また税理士法人の代表として業種を問わず多くのクライアントとの交友も盛んで、よく行きつけの飲食店に誘われるという。

「私は開放的な性格なので、すぐお店の人と仲良くなってしまいます。『ちょっとうちの経営を見てくれ』とよく言われます。カフェの経営の場合だと、飲んでいるコーヒーの原価がわかってしまうので、その後も美味しくいただけるかどうか……実を言えばよく行くお店ほどあまり経営の内情を見たくない(笑)。従って、そんなお店の経営を診るときは私が担当になるのは避けています」と苦笑する。

日本経済回復のカギを握る中小企業経営への熱い想い

ＲＰＡの導入を提案し生産性向上をサポート

大城代表を慕って同社でのインターンを志望してくる大学生も後を絶たない。インターン生を受け入れる際に大城代表が意識しているのが、将来やりたいと思っている業務にできるだけ近い仕事を経験させることだ。

「普通はやりたいことがあってもなかなか言い出しにくいと思いますが、うちのようなベンチャーは何でもこなさなければならないだけに、何でも経験することができます。成果の出やすい部分を担当してもらい、心地よい達成感を味わってインターンを修了できるように心がけています」と大城代表。

中小企業の生産性の低さは70年代から指摘されてきたが、状況はますます悪化しつつあるようだ。この現状に大城代表は強い危機感を抱いている。今後生産年齢人口が確実に減少傾向をたどる中で、生産性を向上させなければ中小事業の明日はおぼつかない。

生産性の低下には内部的要因と外部的要因があり、社員のモチベーション低下や労働分配率の高さなどの内部的要因は企業努力による解決が可能だ。しかし最も大きな外部的要因、つまり少子高齢化による人口減少は企業がどう頑張っても避けられない。人手不足で生産性を上げられずに悩む中小企業にとって、最も効果的な対策は人に代替する手段としてＲＰＡなどの自動化ツールを導入することだ。

「大企業では情報システム部門など生産性の向上に取り組む専門スタッフを備えていますが、中小企業の場合そういう専門部署は存在しないケースが多い。私たち税理士が生産性をアップさせるための手助けをすべきだと思います」

大城代表は介護やマッサージなど、「人のぬくもり」が必須の仕事までＩＴ化せよとはいわない。煩雑な事務作業はＲＰＡに任せ、人でなければできない部分に、より多くの時間と労力を割くべきだと提案する。

毎回盛況のセミナー風景

「中小企業が置かれた現在の状況を少しでも改善したい。とりわけコロナ禍で経済界全体が大きく落ち込んでいるだけに、底辺を支える中小企業が活力を失えばわが国経済の展望は開けません。中小企業の経営を強くすることが日本の国力を増進し、経済を下支えする最も重要で喫緊の施策だと確信します」

コロナ禍をきっかけに他の税理士法人・事務所との協力体制を強化した大城代表は、「法人や事務所ごとに個性はありますが、全てに共通していたのは『税理士は中小企業のために何ができるか』を真剣に考えていることです。本当に心強い限りです」と胸を張る。

会計事務所ＲＰＡ研究会株式会社
税理士法人リライアンス

ＲＰＡの価格と導入へのハードルをさらに下げる

危機感を抱く経営者の「変革志向」を全力で支援

他社に比べ非常にリーズナブルな価格でＲＰＡを提供している会計事務所ＲＰＡ研究会だが、今後はさらに低価格で提供したいと意気込む。「パソコンが１人１台の時代の現在、ロボットもそれと同じレベルに持っていきたい。そのためには１台５、０００～１０、０００円の価格設定が必要です。すでに実現に向けた取り組みを始めています」と大城代表。ロボットによる会計事務の自動化が当たり前の時代が来れば、その波に乗れる事務所とそうでない事務所の二極化が進むと予測する。取り残されるのは旧態依然とした方法で仕事をしている小規模事務所だ。

新しい技術を取り入れる時は困難が伴うが、大城代表は「いつの時代も新しいシステムや技術を導入する場合は混乱を来し、困難な作業を伴うものです。それを乗り越えていかなければなりません。そのためにも経営者は変化に強くあるべきです」と強調する。

「テクノロジーは進化するのみで、決して退化することはありません。正確な申告書を作れば安泰だった20～30年前と違い、今は時代に合わせて税理士の仕事も変化していくべきです。しかし多くの人は変化すべきだと理屈ではわかっていてもなかなか実行には踏みきれないものです。私たちはまずは変化を厭わずやる気がある人をターゲットに、ＲＰＡの導入に力を注いでいきたいと思います」

ＲＰＡの普及に際しては地域格差の改善にも注力していきたいと話す大城代表。全国各地を精力的に回って啓もう活動にも余念がない。先進テクノロジーの力で中小企業の活性化を支援し日本経済を立て直す。その熱い想いを原動力に大城代表の全力疾走が続く。

PROFILE

大城 真哉（おおしろ・しんや）

奈良県出身。大学卒業後に地元の会計事務所に 2 年余り勤務し、大手 IT 系企業に CFO としてヘッドハントされる。5 年に渡る在籍中、同社での業務と同時に自ら立ち上げたコンサルティング会社の代表としても活躍。現在は税理士法人リライアンス代表、および会計事務所 RPA 研究会株式会社代表を務める。

INFORMATION

会計事務所 RPA 研究会株式会社
税理士法人リライアンス

https：//tax-rpa.com/

所 在 地

〒 104-0031　東京都中央区京橋 1-3-2　モリイビル 701
TEL　03-3517-2689　FAX　03-3517-2688

アクセス

東京メトロ銀座線　京橋駅から徒歩 2 分

設　　立

令和元年

業務内容

会計事務所専用 RPA ツール「EzRobot（イージーロボット）」の開発・普及、「EzRobot」用プログラムの提供･共有、RPA 導入･運用、無料サポート、セミナー開催、代理店販売サポート

企業メッセージ

RPA とは、私たち人間が普段パソコンやサーバー上で行なっている作業を、人に代わって自動で作業してくれるソフトウェア・ロボットです。
中でも、我々「会計事務所 RPA 研究会」は、会計事務所専門のロボット提供会社として北海道から沖縄まで全国 240 法人と提携し、会計業務の自動化を推進してその普及に努めています。

経営・財務のかかりつけ医としてワンストップで経営者をサポート

温かい心でクライアントに尽くす税務のスペシャリスト

岩浅税理士事務所

代表　税理士・行政書士・CFP®

岩浅　公三

どんなことにも対応可能なワンストップサービスが提供できる事務所です

中国・武漢に端を発したコロナパンデミックは国際社会に大きな打撃を与え、2020年のわが国GDP（国内総生産）は、リーマンショック後を上回る戦後最大の落ち込みとなった。先行き不透明な閉塞感や不安感が世の中を覆うなか、未曾有の危機に直面する企業の経営者をサポートするために日夜奮闘を続けるのが、京都市下京区のビジネス街に事業所を構える岩浅税理士事務所代表の岩浅公三税理士だ。

「助成金や借入金によってなんとか持ちこたえていた企業も、返済の猶予が切れる数年後にはその影響がでてくることが予測されます。その時に私たちがどれだけ企業を支えるお手伝いができるか。これからの税理士は税務の相談だけではなく、その一歩先を見据えて的確にクライアントを牽引する力量が問われていると思います」と熱く語る。

岩浅税理士が現在の仕事を志したのは大学4回生の時だ。「将来を見据えて考えた時に、働くなら何か手に職をつけたうえで独立したいと思っていました。そこで数字に強い自分の長所を生かせる職業として、税理士になることを決意しました」

税務の知識をわかりやすく・簡単・スピーディに伝える

企業再生などのコンサルティング業務にも力を入れる

平成5年に同志社大学商学部を卒業した岩浅税理士は、試験勉強を続け平成9年に税理士試験に合格。公認会計士・税理士事務所で通常の税務会計以外にも様々な業務を経験しながら研鑽を積み、満を持して平成15年に独立し事務所を開設した。

広々としたオフィス内

「何も持たないゼロからのスタートだったので大変な面もありましたが、逆にそれをモチベーションに変えて頑張ることができました」と、当時を振り返る。

現在、岩浅税理士事務所では法人税、所得税、相続税を中心とした税務全般にわたって、節税を含めたアドバイスや税務監査、申告業務を行い、なかなか経理に時間を割くことができないクライアントに対しては、記帳代行業務も行っている。

またクライアントになるべく負担をかけたくないという思いから、使用する会計ソフトもクライアントが使用しているものを用いるなど、きめ細やかな心づかいも忘れない。

「税は事業全般についてまわります。そのため常に考えなくてはいけない重要なテーマですが、といって税のことばかり気にして身動きできなくなっては意味がありません。税とはどういうものなのか、私たちは専門性を活かしつつ、それをいかに経営者の方にわかりやすくスピーディに説明するかを心がけています」と強調する。

税務全般にサービスを提供している岩浅税理士が、力を入れてきた分野に、企業再生などのコンサルティング業務がある。企業再生では、デューデリデンス（資産査定）や経営診断などを行い事業の中身を細かく分析、企業独自の強みやメリットを掘り起こす。

財政状況を分析し、事業の伸長とスリム化で経営効率を向上

経営不振に悩む多くの企業を再生し、問題解決に導く

「経営難に陥った企業を再生するには、法的な部分は弁護士の方と提携しながら行います。私たちは、税理士の立場からまず現在の財政状況を分析し、どのような事業を伸ばしていけば良いか、また何をどのようにスリム化して経営効率を高めていくかを明確化していく事に力点を置いています」と語る。

往々にして経営者は、自分の会社が潜在的にもっている長所や問題点には意外と気づいていないことも多い。これに気づくことによって経営力の強化を図ることができるという。また岩浅税理士事務所では、銀行の融資が受けやすいような経営計画書の立案や策定、資金繰りの改善を行うなど、再生のためのサポートを全面的に請け負っている。

「中小企業にとって融資は生命線とも言えるものです。しかし、銀行も貸す側としての責任があるので、シビアな視点で見てきます。この企業なら融資しても大丈夫だろうという印象を持ってもらうことが大切です」

これまでに岩浅税理士は経営不振に悩む飲食店のオーナーや、中小企業を再生するなど、多くの案件を解決に導いてきた。

「最初は暗い表情で相談に訪れたクライアントが、業績が改善されることによって表情が明るくなっていく。そうした変化を見るにつけ、嬉しさがこみ上げてきます。コンサルタント冥利につきますね」と笑みを浮かべる。

中小企業の事業承継は日本の国力を揺るがす大きな問題

後継者問題は早いうちから周到な準備が必要

今、日本経済の屋台骨である中小企業が後継者不足で大量廃業の危機に直面している。経済産業省の調査では、2025年までに中小企業経営者の約6割が70歳以上になり、そのうちの約半数は後継者が決まっていないという。きちんと事業承継ができないために、業績が黒字でも廃業をせざるをえない企業は多い。後継者問題が解決しない場合、2025年までに最大約650万人の雇用と、約22兆円分のGDP（国内総生産）が喪失するという。

中小企業の事業承継の問題はまさに日本の国力を揺るがす大きな問題となっているのだ。日本経済の喫緊の課題である後継者問題について、税務のスペシャリストとして事業承継を扱う税理士への期待は大きい。岩浅税理士事務所も企業再生と並ぶコンサルティング業務の柱として事業承継問題に力を入れている。

「事業承継の問題は一朝一夕には解決できません。だからこそ、事前対策などの準備期間がとても大事です」と指摘する。とくに、後継者問題に関しては家族間で継承する場合もそれ以外で継承する場合も、様々な難しい問題に直面する。

「血縁関係があるご子息だからといって、経営者の素質があるとは限りません。企業の経営者には、リーダーとしての実務能力だけでなく、メンタル面の強さも要求されます。また家族間以外で継承する場合も承継資金を個人で用意するのは難しいので、金融機関から融資を受けることも多いのです。しかしその場合、信用面や条件面でなかなか交渉がまとまらないことがあります。それだけに後継者については、早いうちから考えておく必要があります」と警鐘を鳴らす。

事業承継には、後継者問題のほかに自社株の評価、相続財産や資産の贈与、納税資金の用意などあらゆる問題が山積する。

「一つひとつの問題を円滑に解決するために、私たち税理士をうまく使っていただけたらと思います」と岩浅税理士。日本の中小企業のなかには、大企業を凌駕する優れた技術力を持つところも多い。このような大企業に真似のできない優れた技術、ニッチな技術が廃業と共に消えることは、あまりにも残念なことだ。

「しっかりとした中小企業の事業承継を行うことは、日本経済を元気にすることにつながります。これからも日本の経済と経営者を守るために全力を尽くしていきたいと思います」と闘志をみなぎらせる。

クライアントのあらゆるニーズにワンストップで対応

他士業との独自のネットワークで様々な問題を解決に導く

常にお客様の立場に立ち、クライアントの発展に貢献したい—。こうした想いで岩浅税理士は自身の事務所を、「どんなことにも対応可能なワンストップサービスが提供できる事務所」と位置づける。税理士業務以外の相談には、他士業との独自のネットワークを構築して問題解決へ導く体制を整えている。会社設立や起業を考えるクライアントには、司法書士と連携した法人設立手続きや、社会保険労務士と連携した社会保険労務手続きなどを行う。

「起業をスタートした時には、いかにして経営を早く軌道に乗せるかが勝負となります。そのため経営者の皆さんにはスタートアップ経営に集中的に取り組むことができるように、煩雑な手続きは私たちが全力でサポートします」とアピールする。

また、国税庁が行う税務調査に不満な場合は所轄税務署への異議申し立て、国税不服審判所への審査請求などの税務訴訟を弁護士と連携して対応する。税務訴訟の補佐人は、税務署との関係悪化を恐れて引き受けたがらない税理士も多くいるが、岩浅税理士は「お客様が第一ですから」と意に介さない。どこまでもクライアントの味方でありたいと願う岩浅税理士の強い意志と矜持が伺える。岩浅税理士自身も税理士資格の他に行政書士やファイナンシャルプランナーの資格を取得して、クライアントのあらゆるニーズに応えるため日々努力と研鑽を重ねている。

「ワンストップで対応できれば、お客様が他の士業を探す手間が省けます。こんな相談でも大丈夫かなと思うような些細なことでも、気軽に事務所に来ていただければ」と力強く呼びかける。

企業経営者の「かかりつけ医」として一番の味方でありたい

セカンドオピニオンサービスをも掲げてクライアントに対応

セカンドオピニオンという言葉をよく見聞きする。元々医療の世界の用語で、かかりつけ医の他に別の医師による診断や意見を求めるものだ。患者にとっては、自分の症状について複数の専門家の見解を聞いたうえでより良い治療方針を選択できる安心感がある。岩浅税理士事務所では、このセカンドオピニオンサービスを掲げてクライアントに対応している。

「税法の解釈は年々複雑、かつ難解なものになってきています。企業経営も同じでひとりの目だけではなく、別の視点から初心に帰り、問題に向きあうと、異なった解決策が見つかるケースが多くあります」とそのメリットを語る。

岩浅税理士事務所に訪れるクランアントの中には、これまでの税務会計業務にのみ従事している旧態依然な顧問税理士のあり方に疑問を感じている人が少なくないそうだ。

「経営者は、皆孤独です。誰かに相談したくても、なかなか相談できる相手がいません。そのような時に、税務会計以外の経営に関する相談にも乗ってもらえれば、安心感をもっていただけます。これからの税理士は、税務の専門知識だけでなく、会社を成長に導くために経営者は何をすべきかを具体的に提示する力が求められると思います」

事務所を訪ねてくれるクライアントに「相談に来てよかった」と言ってもらえることが最高の喜びであるという。そんな岩浅税理士が常日頃から大切にしている信条は、「どんな時も心の通った温かみのある対応を心がける」ということだ。

「例えば、医者が健康診断の結果を説明する時に、患者さんの顔をまったく見ようともせずに、出てきた数値表を見ながら、数字の話ばかりしていたらどうでしょうか。その時患者さんは体調が悪く、顔色も悪いまま話を聞いているかもしれません。目の前の人の状態や様子を気にかけることなく、形ばかりにとらわれるような対応に温かみは感じられませ

岩浅税理士事務所の外観

11月に出版した岩浅税理士の著書。『社労士と税理士が教える会社のしくみ』

ん」と岩浅税理士。
「税理士も同じことです。コンピューターから帳票が何十枚と出てきて、それを目の前にポンと置かれて放り出されても、お客様はその数字をみてもなんのことかさっぱりわからない。コンピューターは確かに便利なものですが、所詮それはツールに過ぎません。人と人とのつながりや温かみのある対応を一番大事にしなければと思います」

あらゆる分野にコンピューターやＡＩが活用され、ＩｏＴ（モノのインターネット）に代表されるデジタル社会が加速する現代社会。文明の利器としてデジタルを使いこなしながらも、アナログの人間的な温かみを忘れずにいたい。アナログは時代遅れだと揶揄されることが多い昨今だが、温かみのある対応を一番大事なものとする岩浅税理士の姿勢は、人として大切なものを思い起こさせてくれる。

新型コロナ感染は終息までにはかなりの時間がかかりそうだが、「コロナ禍で苦しむ経営者のお役にたてるように全力でサポートしていきたい。どんなことでも気軽に相談できる経営・財務の『かかりつけ医』として信頼される存在となり、中小企業経営者の一番の味方でありたい」と熱く語る。

座右の銘が「初心忘るべからず」と「努力に勝る天才はなし」だという岩浅税理士。誠実で実直さに溢れる人柄に、クライアントの大きな信頼と期待が注がれる。

PROFILE

岩浅 公三（いわさ・こうぞう）

昭和 45 年京都市生まれ。平成 5 年同志社大学商学部卒業。同 9 年税理士試験合格、翌年登録開業。同 12 年 AFP（Affiliated Financial Planner）資格取得。同 14 年 CRM（Certified Risk Manager）資格取得。同 15 年 CFP（Certified Financial Planner）資格取得。
同 15 年 1 級ファイナンシャル・プランニング技能士資格取得。同 18 年 NPO アカウンタント資格取得。同 22 年行政書士登録。

（所属・活動）

・近畿税理士会下京支部。日本ファイナンシャル・プランナーズ協会。ファイナンシャル・プランニング技能士センター。日本 RIMS 支部。租税訴訟学会。日税研究会。NPO 会計税務研究協会。弥生株式会社 PAP ゴールド会員（財務会計公認インストラクター）。京都府中小企業再生支援協議会外部専門家。

INFORMATION

岩浅税理士事務所

URL　http：//www.iwasa.info/

所 在 地

〒 600-8054　京都市下京区仏光寺通麩屋町西入
仏光寺東町 129 番地 9
TEL　075-343-1888　FAX　075-343-1887

アクセス

阪急電鉄京都河原町駅 11 番出口から徒歩約 3 分
市営地下鉄四条駅 5 番出口から徒歩約 6 分

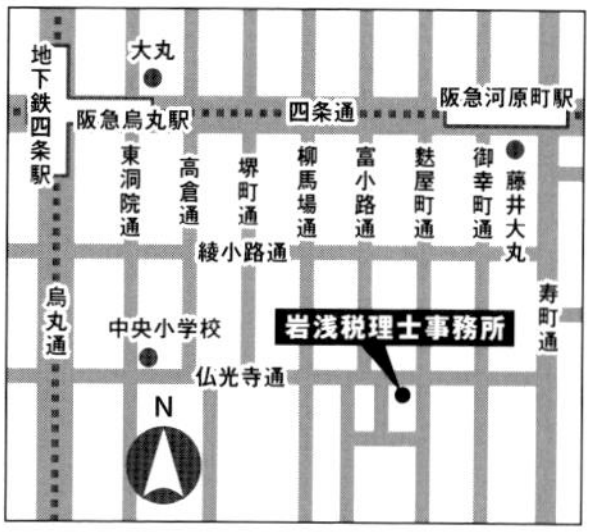

業務内容

会計サポート、コンサルティング、税務相談、相続・事業承継、決算申告、会社設立、創業支援、ファイナンシャルプランニング

事務所の特徴

・相続の「かかりつけ医」として顧客の立場に立って対応
・士業ネットワークによりワンストップサービスを提供

古都・鎌倉で相続、医療を専門に活躍する税理士事務所

相続・医療分野で圧倒的な強みを活かし、地元鎌倉に貢献する

大場尚之税理士・行政書士事務所

代表　税理士・行政書士

大場　尚之

相続と医療分野に特化し、さらに業務品質及び業務処理スピードを高め、お客様のお役に立っていきます

鶴岡八幡宮や長谷寺、高徳院の大仏といった神社仏閣をはじめ多くの歴史的遺産や豊かな自然に恵まれた日本を代表する古都・鎌倉。歴史に育まれた魅力的な地で、相続税と医業顧問の分野で強みを発揮して地域に貢献しているのが大場尚之税理士・行政書士事務所だ。相続税申告書の作成は税務のプロである税理士でも、「難しい」と敬遠されがちな分野だ。これに対して同事務所代表の大場尚之氏は、相続税分野で豊富な経験と鎌倉で生まれ育ったアドバンテージを活かし、「相続に強い税理士事務所」として確固たる地位を着々と築いている。過去には11億円といわれた土地評価額を5億円にまで減額し、大きな節税効果をもたらした実績を持つ。さらに複雑な手続きが必要な医療系の税務処理についても強みを見せ、その独自の税理手腕が高い評価を受けている。

土地評価額11億円が5億円へ、半分以下の減額を実現！

綿密かつスピーディな調査で節税の不可能を可能に

平成27年の事務所開設当初は、扱い分野を絞らずに様々な案件を引き受ける、いわゆる「普通」の税理士事務所だった。そこからどのようにして現在のような相続分野に強い事務所として抜きんでることができたのか？

「鎌倉の地特有ともいえる〝相続問題の多さ〟に気づいたことがきっかけでした」と大場代表。

「鎌倉の相続・財産問題のおよそ半分が土地に関するものです。鎌倉は歴史のある土地柄だけに京都市や奈良市と並び『古都保存法』が適用される「古都」に指定されているため、土地利用について、様々な規制が存在しています。そのため、土地の評価額を正確に算出することが、通常の地域と比較して、

江ノ島電鉄和田塚駅から
徒歩３分の所にある事務所

困難なものになる傾向があります。鎌倉に生まれ育った私なら、その難しさを肌で理解できるという自信があり、本格的に相続に関する仕事を引き受けることにしました」

　こう語る大場代表だが、もちろん鎌倉で育んだ肌感覚だけが相続問題のエキスパートたらしめたわけではない。土地の調査額を1円でも下げるための努力を惜しまず、机上調査と役所調査を行った上で現地調査に挑むという、妥協のない真摯な姿勢が「相続問題」に強い現在の事務所を作り上げたのだ。また大場代表は「『丁寧に仕事をこなしているため時間がかかります』では意味がありません。全ての調査を正確に、迅速に行ってこそクライアントの役に立つことができます」と業務を行う上では「正確性」の次に「スピード」を重視している。大場尚之税理士・行政書士事務所の実績で特筆されるのが、他税理士では実現出来なかった当初11億円と算出された評価額を綿密かつ迅速な調査で5億円にまで減額した件だ。

「ご依頼者は30筆以上の土地をご所有でしたが、現地調査をするうちに極端に土地開発が制限された区域に土地が所在しているとわかったのです。そこで繰り返し現地を訪れ、丹念に一筆ずつ土地評価を見直したところ、各種要因（赤道、青地、白地の存在などを把握した）により評価額を約6億円程下げることができ、お客様には非常に喜んでいただきました」。こうした相続の案件は「一般人には関係ない」と思いがちだがそうではない。たとえ税金がかからなくても、土地や預貯金の名義変更をする際に「遺産分割協議書」という書類が必要になるからだ。行政書士の資格も持つ大場代表は、そういった手続きにも対応している。

「四十九日の法要が済んでホッと一息ついて、相続や税金のことが頭に浮かんだ時、気軽にご相談いただける存在でありたい。大切な身内が亡くなるという辛い時期に、相続の問題がとげのように心に刺さったままでは苦しいはずです。そんなとげを抜くお手伝いができたらと思っています」

申告の期限まで時間がない場合、相続税申告の経験が少ない事務所は依頼を断ることも少なくないそうだ。しかし大場代表は「私たちは多くの経験から得た知識で色んな方法をご提案させて頂きます。相続のことでお困りの節はぜひ当事務所へご相談ください」と呼びかける。

医療分野にも強み！ 節税はもちろん医院の経営もサポート

業界同士の共通点も活かし、親身になって共に考える

大場尚之税理士・行政書士事務所には医療系に強いというもう1つの特徴がある。大場代表が東京の税理士法人での勤務時代に医療関係の業務を扱い経験を積んでいたこと、また税理士業と医業は共に職員に占める女性の割合が高いことや業務について各人の属人性が大きく影響する点など、両者は関連する部分が数多くあることなどがその理由だ。

「税理士法では極端に税額を引き下げるような広告の掲出を禁止するなど、PRに関する様々なガイドラインがありますが、このことは医業分野についても共通しています。また、人によって結果に大きな差が出る属人性が高い業務である点もよく似ています。このような共通点を徹底的に研究した上で、医療機関のサポートを積極的に行っています」。相続と同様、高い専門性や業界知識が求められる医療分野。例えば、医療機関は社会保険については社会保険診療報酬支払基金、国民健康保険については国民健康保険団体連合会から支払われる診療報酬をその主な収入源としているため、一般的な営利企業と比較し、その収入金額が国の医療政策によって大きく左右されるという特徴がある。また、個人開業の

医院から医療法人へ移行する場合、その機会は原則、年2回ほどしかなく、また、毎年の決算後には、その医療法人が所在する地域の都道府県知事に決算届や各種変更届を提出しなければならない。上記のような普通法人とは異なる運営・ルールを踏まえた上でのサポートは、大場代表の豊富な経験と実績が大いに物を言う分野となっている。また大場代表は、医療分野において、税務面に留まらない幅広いサポートを行っている。その1つが行政に提出する資料作成への対応だ。医療機関の新規開設の際には、行政に対し多くの資料を提出しなければならず、また、この資料の作成に大変な手間がかかる。税理士から行政文書作成の専門家である行政書士に書類作成を再度依頼した場合には大変なタイムロスが生じるため、大場代表は行政書士資格も取得し、業務をワンストップでできるようにした。加えて、医院の人材募集などについてもアドバイスを行っており、面接時のチェックシートや質問項目、さらに入社試験問題の作成などにも携わっている。当然ながらクライアントとの密な情報交換と業務内容への深い理解が欠かせない。税理士という枠を超え、経営コンサルタント的な役割まで果たしている。

「医療は税務と同じく働く人によって結果が大きく左右される業種です。それだけに私も人材の採用に関してはその重要性は身に染みてわかっているので、一緒に考えさせてもらっています」

相続をテーマとしたセミナー、相談会の開催で情報発信にも注力

誰もが情報を得られる時代だからこそ、専門家としての強みを確立

相続と医療分野に特化し、現在多くのクライアントからの相談・依頼に対応。多忙の日々を送っている大場代表だが、こうした業務を行うかたわら、数年前からもう一つ、力を入れ

て取り組む活動がある。それが、〝相続〟をテーマとしたセミナー・相談会だ。「相続税対策の必要性を多くの方々に知って頂きたいという想いから積極的に開催をしています」。テーマは〝相続税の基本〟をメインとし、〝アパート経営に関する税〟など様々。「セミナーの場合は出来る限りわかりやすく、時に時事ネタなども交えながらお客様が飽きないような工夫を凝らして実施しています」

セミナーは毎回好評を博し、過去にはセミナー受講者が『自分が死んだ後は大場先生に相続税申告をお願いしたい』という意向を表明し、実際に相続税申告を手掛けたこともあったという。「今はコロナ禍で無料相談会のみの開催ですが、今後も相続に関する情報発信はどんどん行っていきたいです」

業務に情報発信活動にと独立開業以来存在感を高め、地元鎌倉で確固たる地位を築きつつある大場代表。そんな彼がそもそも税理士を志したのは、大学在学中の起業経験がきっかけだった。「飲食店経営を通して初めて税金の恐ろしさ、そして、それに対する対策が必要であることを知りました」

「企業経営を含めもっと世の中について知りたい」という想いが強まり、28歳のときに税理士を目指す決意を固め、東京の税理士法人に勤務。資格取得後、42歳のとき、故郷の鎌倉にて独立を果たした。

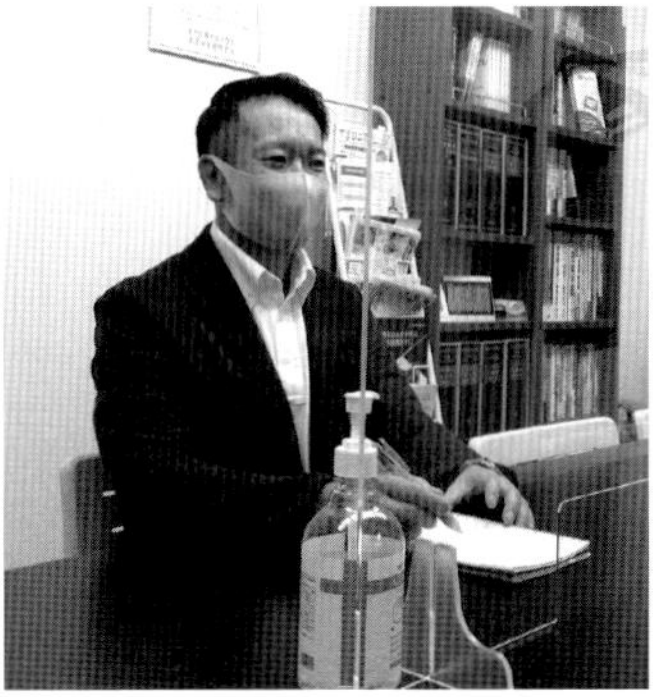

クライアントに寄り添い共に考えていく姿勢で業務を行っている

当時大場代表は「インターネットの普及で、誰もが簡単に情報を得ることができるようになり、複雑・高度な情報が商材だった士業が大きな影響を受けました。税理士として独立開業していくことを考えた時、より多くの経験や深い知識、さらには経営感覚を身につけ、他事務所にはない強み、特色を出さなければ生き残れないという強い危機感を抱きました」と振り返る。一方で「それができれば大きなアドバンテージにもなると感じました」とも。事務所開業後、大場代表は相続・医療という専門分野を掲げ、精力的に営業活動を行い、契約後はクライアントを満足させるため地道な努力を弛まず行ってきた。こうした誠実な姿勢が地元・鎌倉のクライアントから評価を受け、信頼される現在のポジションを築き上げる大きな要因となったのだ。

いつも心にあるのは「故郷に尽くしたい」という地元への愛

仕事のスピード感とクライアントに寄り添う姿勢を大切に

仕事で壁にぶつかった時は原点に立ち返り、なぜ独立したのかを自らに問う。出てくる答えはいつも変わらず、『仕事を通して人の役に立ち、同時に故郷である鎌倉に恩返しをする』ということだ。「独立した以上、経営者としての視点は必要ですが、営利の追求のみが仕事の目的となっては、国より税務に関する専門家としての国家資格が与えられている税理士になった意味がありません。人の役に立ちたいというところから、全てが始まっていることを忘れないようにしています」

そして生まれ育った故郷の鎌倉を愛する気持ちも、仕事をする上で大きな励みとなっている。若い時は東京への憧れがあったが、故郷を離れて20年以上たつと故郷の良さがわかってきたという。「東京で働いていた時も、無意識の内に鎌倉のことを意識して物事を見ていたように思います」と、心には常に故郷への愛着を持ち続けていた。そんな大場代表が、クライアントとのやりとりで重視している業務はスピードだ。そしてそれはクライアントに対する「あなたのことを大切にしています」という大場代表なりのメッセージでもある。また、仕事を行う上での考え方として「質より量」あるいは「量より質」という言葉があるが「仕事の質を高めるには、絶対的に量をこなす必要がある」と大場代表は断言する。大場代表が考える「仕事が出来る」とは「正しい判断を素早くできること」であり「正しい判断を行うためには知識と経験が必要であり、素早い判断を行うためには強い気持ちが必要」と語る。もう一つ、大場代表がクライアントと接する上でのこだわりは〝寄り添う姿勢〟だ。「昔はクライアントに対し『こちらの言う通りにしてください』という立ち位置で臨む税理士さんが多かったように思いますが、今はそんな時代ではありません。専門家ならではのアイデアを出しつつ、クライアントに寄り添い、共に考えていく姿勢が何より重要です」

「相続の問題はここに頼めば何とかなる」と言われる存在へ

医院開業を目指す勤務医を無償でサポートも

大場代表が今後の目標として掲げているのは「地元鎌倉で相続のことなら大場尚之税理士・行政書士事務所に頼めば何とかしてくれるといわれる存在になること」だと力を込める。「そのためには、より一層多くのお客様の業務に携わることで、今以上に事務所の業務品質及び業務処理スピードを高め、お客様の役に立つ存在になることが必須です」

大場代表は業務の分担及びシステムのＡＩ化によって可能な限り属人性を排除したいとも考えている。「同じことを何度も繰り返し行うということは、実は非常に効率性が高いことなのです。例えば経験の少ないスタッフでも、複雑と呼ばれる相続税申告の土地評価業務を何度も繰り返し行っていると、評価業務を初めて行ったときには気付かなかった各土地が持つ問題点などについて、自然と気付くようになるのです。これを繰り返すことで、一定以上の業務品質を維持できます。知識・経験を積むことで業務品質は間違いなく向上します。これらを仕組化することが、今後の私の課題です」。少子化の影響もあって採用や人材育成の重要性はより切実な問題だ。そんな中で大場代表は、子育て世代の女性に期待を寄せている。

「女性の多くが産休や育休で職場を長期にわたって離れざるを得ないのが実情です。特定の個人に依存しないシステムの構築は、この問題の解決にもつながると思います」

大場代表は、医院開業を計画する医師に対するサポートも今後の主軸業務の一つに掲げている。具体的には物件探しから、診療圏調査や資金調達のアドバイスまで行う。大場代表はこれらの支援を基本的に無料で行っている。

「開業を目指す勤務医さんは資金的にも時間的にも余裕がないでしょう。従って将来に投資するつもりで開業支援では基本的に報酬を頂きません。医院が立派に成長すれば、私たちにも長期的にはリターンがあるはず。私たちはそれを期待しています」。医療機関は開業前の段階においては、医療機器や医薬品メーカーなどさまざまな業者と関わるが、大方の業者はその時期が過ぎればその関係は終了する。

セミナー・講演を通して相続の
情報発信にも力を入れている

しかし、税理士は他の業者とは異なり、本当の意味でそこから長い付き合いが始まる。だからこそ目先の損得で手数料を取るようなことはしたくないと大場代表はいう。

「また、医療分野に力を入れている理由は、将来への投資という部分だけではなく、地域医療の活性化が故郷鎌倉を含む我が国の医療提供体制の向上に繋がると考えているためです。だからこそ、ドクターに寄り添い、一緒に頭を悩ませることが大事なのです。ドクターの伴走者の一人として一緒に前進していく覚悟です。開業を考えているドクターはぜひ一度、開業前に当事務所に相談して欲しい」

相続と医療を両輪に強みを発揮して、力強く前進していく大場尚之税理士・行政書士事務所。「古都鎌倉」で飽くなき挑戦が続く。

PROFILE

大場 尚之（おおば・なおゆき）

昭和 48 年生まれ、神奈川県出身。鎌倉市で生まれ育ち、東洋大学在学中から飲食店経営に携わり、その際、税金の重要性を実感する。この経験から税理士を志し、東京の税理士法人に約10年間勤務。資格取得後、平成 27 年に故郷・鎌倉に事務所を構える。資産税分野を得意とし、土地評価の際には、自ら調査・実測を行う。土地の評価額を減額することにおいては、同業の税理士からも高い評価を受けている。また医科・歯科など医療系業務の顧問としてもドクターから厚い信頼を得ている。

（所属・活動） 東京地方税理士会所属　　鎌倉支部　厚生副部長

［資格等］税理士、行政書士、クリニック開業支援コンサルタント

経営革新等支援機関（財務局・経済産業局認定）

INFORMATION

大場尚之税理士・行政書士事務所

https：//kamakura-tax.com/ コーポーレートサイト

https：//souzokuzei-kamakura.com/ 相続サイト

https：//iryohojin-support.com/ 医業サポートサイト

所在地

〒 248-0014　神奈川県鎌倉市由比ヶ浜 3-5-11

由比ヶ浜 HALE101

TEL　0467-39-6272　FAX　0467-39-6273

アクセス

江ノ島電鉄「和田塚駅」より徒歩 3 分

設　立

平成 27 年

業務内容

相続（税対策・申告・手続き・生前対策・贈与税申告など）

医科・歯科（開業サポート・資金調達サポート・経営分析とサポート・開業前後のサポート）

企業理念

1.「企業は人なり」の実践
2. 生まれ故郷に尽くす
3. 事業者の発展を支えることが社会の発展を支えることにつながる

中小企業・個人の会計・税務をサポートする〝日本一身近な会計事務所〟

あらゆる業種・業界に精通する数字のプロフェッショナル

H&H合同会計事務所

代表　公認会計士・税理士

萩原　佳

会計・税務を通してクライアントの成長をできる限り安価な料金で手助けしてまいります

企業や個人が事業を興し、経済活動を行っていく上で必須となるのが数字の管理と税金の処理だ。ルールや手続きが煩雑で、大きな手間がかかることから、経営者自身がこうした経理作業をはじめとした管理業務を行うことは、膨大な時間と労力を費やすことになり、本業に支障をきたすことになってしまう。

新型コロナ禍が追い打ちする形で今は副業を興して個人が事業活動を行うケースも増えてきており、数字や税の専門家のニーズは今後ますます増えていくことが予想される。

こうした中で、〝日本一身近な会計事務所〟をモットーに、主として中小企業や個人事業主の会計・税務をサポートして高い評価を集めているのがＨ＆Ｈ合同会計事務所代表で、公認会計士、税理士である萩原佳氏だ。

これまで様々な業種、業界の会計・税務をサポートしてきた数字のプロフェッショナルは、「私たちの事務所は敷居の低さが特徴なので、どんなことでも気軽に相談に来てください」と気さくに呼びかける。

経験と知識を積み上げ平成26年に独立開業

「税務にも精通する会計士」として高い評価

萩原代表が独立して地元茨木市で萩原会計事務所（現Ｈ＆Ｈ合同会計事務所）を開業したのは平成26年だが、そもそも数字のプロを目指したのは大学時代に遡る。「専門の知識を駆使して困っている人を助ける仕事はないものかと、色々調べていくうちに辿り着いたのが公認会計

自身の地元である
大阪府茨木市で事務所を開業

士、税理士でした」

在学中から勉強を始めて、平成16年に公認会計士の二次試験に合格。中央青山監査法人　東京事務所へ入所し、キャリアをスタートさせた。平成18年あらた監査法人（現ＰｗＣあらた監査法人）東京事務所に移籍後、平成22年には大阪に戻り、ＰｗＣ税理士法人　大阪事務所へ。独立するまでのおよそ10年間をこの3つの事務所で過ごした。

「勤務時代は外資系・上場企業を中心に、様々な業種・業界の財務、税務をこなしてきました。様々な経験・知識を積み上げて、専門家として成長することができたと思います」

とりわけ税務調査対応を多く経験してきた萩原代表は、追徴課税をゼロに抑えた案件や大幅に抑えた案件をいくつも手掛けてきた。「税理士の腕の見せ所だと思っていました。クライアントからも喜んで頂けますし、やりがいを感じる瞬間でしたね」と勤務時代を振り返る。

一方で、「元々全てを自分の裁量で、ミスも成功も全ての責任を自分で背負うスタイルで仕事がしたかった」と、独立願望を強くもっていた萩原代表は、平成26年に勤務していた事務所を辞めて、自身の地元である大阪府茨木市で会計事務所を開業した。

前事務所のクライアントを継続してサポートしていくといったこともなく、全くゼロからのスタートとなった萩原代表。独立当初を次のように振り返る。

「最初は本当に暇でした。独立前は勤務に集中したかったため、独立のための営業や宣伝活動も全くしていませんでしたので。ただ、たまたま個人事業主をしている同級生のところに税務調査が入り、その対応をアドバイスしていたら、調査終了後に顧問を依頼され、それが最初の仕事になりました」

そんな萩原代表に、事務所浮上のきっかけが訪れる。それが同業である会計士の交流会や研修会への参加だった。「他の先生方が私の経歴や考えを面白がって下さって。ここで人脈を築かせて頂いたことが大きかった」

〝税務にも精通する会計士〟という自身の特性を買われ、他事務所の応援などに出向いて仕事をこなしていった。同時にホームページの作成を行いながら、紹介などを通しても少しずつ新規のクライアントがつくようになっていった。

会計・税務に関する全ての分野をカバー

相付加価値・低料金をモットーにサービスを提供

萩原代表の精力的な仕事ぶりが高く評価され、評判が評判を呼んで年々顧問契約を結ぶ企業や個人が増加。1人でスタートした事務所は今ではスタッフ4名。顧問先は法人・個人あわせて60近くに上っている。

事務所で提供しているサービスは、会計・税務の顧問業務を柱に、創業支援・会社設立から各種税務申告、会計監査、内部統制構築支援、記帳代行など多岐にわたり、会計・税務に関わるありとあらゆる部分をカバーしている。

「自分の姿を鏡で映して見るように、クライアントの現在の経済活動をキチンと数字に置き換えること。加えて会計・税務における必要な手続きの代行。この2つが私達の主な役割です。提供するサービスは会計事務所本意ではなく、お客様本位で極力シンプルに提供し、その分料金は低価格に抑えています。うちの事務所ではこれを相付加価値・低料金と呼び、サービスの基本に置いており、単なる安かろう、悪かろうのサービスとは一線を画していると思っています」

例えば会計・税務の顧問契約料金を月々９８００円から。記帳代行業務が６５００円から。年末調整は５５００円からというように、相場よりも安価な料金に設定している。こうした値段設定にも、〝敷居を低く利用して頂きたい〟という萩原代表の想いが込められている。

さらに「会社の売上が減って、経営がしんどいといった状況になれば、月々の顧問契約料も下げさせて頂いています」とも。「もちろん限界はありますが、出来る限り困っている人の力になれればという想いで実施させて頂いています」

こうした業務のほか、情報のアップデートが常に求められ、手間がかかり、リスクが高いといった他の士業家が断るような仕事も萩原代表は極力引き受けるようにしている。その一つが租税特別措置法がからむ相談だ。

「国の政策を実現させるために行われる特例的な減税等を受けられる制度です。毎年法律が変わり、手続きも複雑なことから難易度の高い仕事ですが、依頼を受ければ全国どこでも対応させて頂きます」

同業の士業家向けのセミナーも依頼を受けて
積極的に行っている

数字に照らし合わせた客観的なアドバイス

仕事の醍醐味は「多様な業種業界の経営を垣間見れること」

「餅は餅屋。専門外のことはやらない方針」という萩原代表は、売上を伸ばすためのアドバイスといったコンサル的な活動には消極的だ。しかし、クライアントから経営に関わる相談を受ければ惜しみなくアドバイスを送る。

「私のアドバイスは売上げや資金繰りなど数字に照らし合わせた客観的なものです。客観的で専門的な立場から、良いことも悪いことも忌憚なくクライアントにお伝えするのが私の役割だと思っています」

時にシビアなアドバイスを送ることもあるというが、「一番の目的はクライアントの事業の安定と継続です。数字は絶対に嘘をつきませんから」

経営者にとっては耳の痛いこともどんどん伝えるが、全ては会社の永続のため。萩原代表は嫌われ役になることをいとわない。

公認会計士、税理士として長くキャリアを重ね、多くのクライアントを会計・税務面からサポートしてきた。そんな萩原代表に仕事の魅力・醍醐味を語ってもらった。「色々な業種業界の経営スタイルを垣間見させて頂けるのはこの仕事ならではの醍醐味かなと思います。１００の会社があれば１００通りの経営方針や業務スタイルがあります。その一つひとつを見て仕事をこなしていくことが、自分の糧になり、自分自身の成長に繋がります。どの士業家もそうだと思いますが、資格を取ったら終わりではなく、むしろそこから勉強や経験を重ねていかないと良い仕事は絶対にできないと思います。これからも自分の中の引き出しを増やして、どの士業家にも負けない数字のプロになっていきたい」と力を込める。

セミナーを通して事務所運営のノウハウを提供

税やお金のことで気になることがあればすぐに相談を

開業以来、一歩一歩着実に歩みを進めてきた萩原代表は、今日多くの人脈やクライアントを獲得し、事務所の経営自体も盤石な体制を築き上げてきた。最近では同業者向けも含めて、セミナー、講演活動に力を入れている。

「会計・税務を通してクライアントの成長を、できる限り安価な料金で手助けすること。取り組んできたことは至ってシンプルで、これからもこの方針、相付加価値・低料金に変わりはありません」という萩原代表は、事務所のサービスをより多くの事業者に享受してもらおうと、スタッフの増員を計画している。

「会計・税務は事業をされている方にとっては水道や電気のようなインフラだと思っています。だからこそ、誰もがサービスを受けてもらえるような料金設定やミスのない確かなサービスの提供という2点は常に意識していかなければなりません」

敷居の低さとともに「日本中全ての事業者が私たちの事務所のクライアントになれば幸せになれるはず」と、萩原代表はサービスに絶対の自信を見せる。

「大手の企業は社内にしっかりした経理部門を設けていますが、個人や中小企業だと事業主自らが税やお金の管理に携わっているケースが多いと思います。私たちはそうした事業主様が経理作業に時間をとられることなく、本業に専念できるお手伝いをすることを主眼に置いています。税のこと、お金のことで悩みや気になることがあればぜひ私たちの事務所を頼って欲しい」

「事業に誇りとプライドを持つ事業家を応援したい」

ウイズコロナでピンチをチャンスに変える柔軟な発想を

プライベートでは一児の父親でもある萩原代表。子どもを溺愛し、常日頃から「子どもに恥ずかしい姿を絶対に見せてはいけない」という想いをもって仕事と向き合っている。

「資格をもった専門家として活動していると、時に高額な報酬と引き換えに、職業的倫理に反するような誘いを受けることもあります。悪だくみや筋が通らないようなことには絶対に協力してはいけません」とキッパリ語る。

さらに萩原代表は、顧問契約の依頼を内容によっては断ることもあるという。「信頼関係をしっかり築ける人でないといけませんし、自分で興した事業に誇りをもち、事業に全身全霊を注いでい

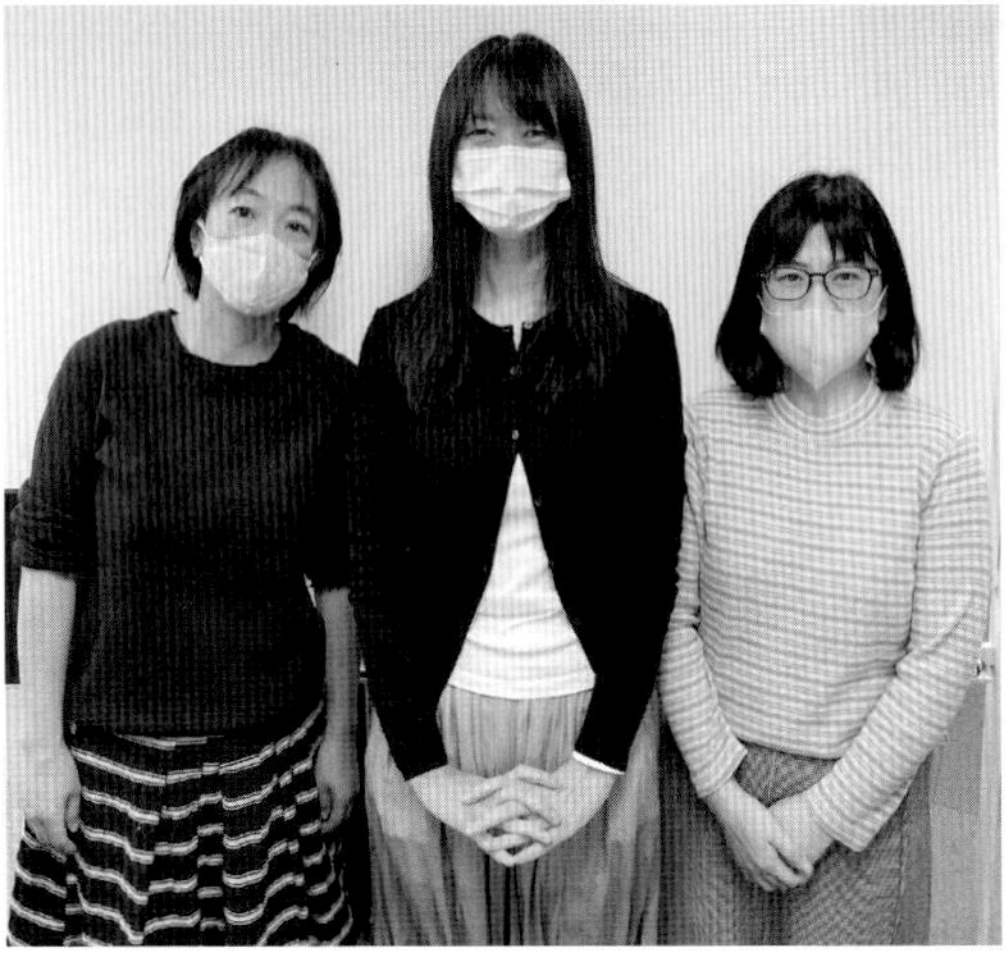

萩原代表も全幅の信頼を寄せる精鋭スタッフ

るような、いわゆる経営の王道を歩んでいる人を応援したいと思っています」

会社の設立サポートを手掛けることも多い萩原代表だが、現在企業の存続率は創業5年で15％、10年で6・3％、20年後は0・3％といわれる。会社を興しても、生き残って長く存在していくのはほんの一握りというのが現状だ。

「今後はウイズコロナの時代にしっかり対応していくことが大事になってきます。例えば飲食業界であれば、個室が中心の高級志向の店であれば良いですが、薄利多売スタイルの居酒屋のようなお客さん同士が〝密〟になる店は厳しいと思います」

どの業界も時代に即応し、社会のニーズを捉えるサービスを提供することがなお一層求められる時代になったといえる。「一方でネガティブなことばかりではありません。コロナを機に通信手段の変化も一気に進み、Ｚｏｏｍやスカイプなどを利用して遠隔でのやり取りや連絡が当たり前のようになってきました。これによって、私たちも営業エリアを全国に拡大することができました。ピンチをチャンスに変えるといったような柔軟な発想もますます大事になってきます」

日々の業務や様々な活動で多忙な毎日を送る萩原代表。全ての行動の原動力は〝困っている人を助けたい〟という一心から。端正な顔立ちとスマートな出で立ちから想像もできない大きな情熱を内に秘めて、これからも独自の道を歩んでいく。

PROFILE

萩原　佳（はぎはら・けい）

昭和 52 年生まれ。大阪府出身。平成 14 年信州大学経済学部卒業。同 16 年中央青山監査法人入所。同 18 年あらた監査法人（現 PwC あらた監査法人）東京事務所入所。同 22 年 PwC 税理士法人　大阪事務所に移籍。外資系・上場企業を中心に業務に従事。同 26 年地元茨木市で萩原会計事務所開業。同 29 年茨木市議会議員初当選。同 30 年事務所名をＨ＆Ｈ合同会計事務所へ変更。大阪府内を中心に各種税務申告から創業、会社設立支援まで幅広く活躍中。
公認会計士、税理士。

INFORMATION

Ｈ＆Ｈ合同会計事務所

URL　https：//hh-godokaikei.com/

所在地

〒 567-0034　大阪府茨木市中穂積 1-6-46　茨木松田ビル 4 階
TEL　072-665-7234　FAX　06-6537-1852

アクセス

JR 茨木駅より徒歩 7 分

設立

平成 26 年

業務内容

税務申告業務（法人の税務申告業務・個人の税務申告業務）、監査業務、内部統制構築支援業務、記帳代行業務

モットー

「お客様にとって、日本一身近な会計事務所」を目指す。

目先の利益を追い求めるだけでなく、真にお客様の成長を促す手助けをし、お客様と共に歩んでいく、そんな会計事務所を目指しています。

中小企業の幅広い経営課題を解決するビジネスドクター

税務・会計コンサルティングを通して黒字経営をサポート。顧問先企業の8割以上が黒字経営を実現

鈴江総合会計事務所

所長　税理士・公認会計士・中小企業診断士

鈴江　武

経営状態を数字に置き換えて、
改善すべき点をあぶりだしていきます

日本経済を底辺から支える中小企業は全国で約350万社を数える。全企業の99％以上を占める中小企業は雇用の7割を担っており、まさに日本経済浮沈のカギを握る存在といっても過言ではない。その中小企業の経営を、会計・税務コンサルティングを通して黒字経営に導く、中小企業の頼れるビジネスドクターとして活躍しているのが鈴江総合会計事務所の鈴江武所長だ。

税理士、公認会計士、中小企業診断士、社会保険労務士（試験合格）の資格を有し、独自の分析力や先を見据えた提案、アドバイスによって多くの企業を赤字から黒字に転換させてきた。中小企業の7割以上が赤字だといわれる中、鈴江総合会計事務所ではクライアントの8割以上が黒字経営を達成している。

「顧問税理士の力量の差一つで会社の経営状態は変わっていくと思っています。多くの経営者からパートナーとして認めて頂き、この激動期を生き残り、経営の安定と持続的な成長のお手伝いができれば幸いです。私たちの力でしっかりと中小企業を支えて、日本経済の底上げに貢献していきたい」と鈴江所長は力強く語る。

「一度しかない人生を悔いのないように」と、銀行員から税理士へ

社会保険労務士、中小企業診断士、公認会計士の資格も取得

一橋大学経済学部卒業後、第一勧業銀行（現みずほ銀行）に勤務した鈴江所長は、銀行員時代に融資や外貨ディーリング、外貨ALM企画などを歴任した。この間、頭取賞や営業成績優秀賞を受賞するなど輝かしい実績を重ねて順調にキャリアを築いていた。銀行員として10年目を迎えた時に「一度しかない人生を悔いのないように生きたい」と税理士の道を目指すことを決意した。猛勉強の末、34歳で税理士免許を取得した鈴江所長はさらに「税務のみならずより幅広い角度

から中小企業を支えていきたい」と、社会保険労務士、中小企業診断士、公認会計士の資格を相次いで取得した。銀行退職後は、大手会計事務所で実務経験を積み上げて、平成22年に満を持して鈴江総合会計事務所を開設した。独立開業以来、企業からの相談依頼を次々にこなしていった鈴江所長は、業務の広がりとともに、事務所の規模も拡大し、現在総勢10人のスタッフで業務にあたっている。現在、仕事を獲得するための営業活動はほとんど行っておらず、仕事の受注は全て既存クライアントや他の士業、金融機関からの紹介によるものだ。受け持つ顧問企業は100社を超え、小規模・零細企業から中堅企業まで、幅広い規模の企業経営をサポートしている。

クライアントと深い信頼関係を結ぶために応対（コミュニケーション）も大切にしている

「顧問として経営全般を見させて頂くだけではなく、クライアントの要望に合わせて、税務申告のみ、記帳のみ、相続のみ、株価評価のみといった具合に、スポット的な仕事も引き受けています」

独立からおよそ10年で、鈴江所長は多くの金融機関、企業から信頼を集めるオンリーワンの会計事務所として確固たる地位を築き上げてきた。

会社の経営を数値面からサポート

顧問先企業の8割以上が黒字経営を実現

中小企業が抱える様々な課題に対して最適な解決法を提案し、成長・発展に導く鈴江総合会計事務所。その中でも特徴的なサポートが、顧問先企業の経営を数値面からサポートする取り組みだ。

鈴江所長は、まずじっくりとクライアントの話を聞き、その企業がおかれている現状を数値面から詳細に把握していく。

「販売単価の水準や仕入原価の水準、人件費や各種経費の多寡などを、過去数期間の時系列分析や同業他社分析を通して、多面的な角度から財務分析します。経営状態を数字に置き換えて、改善すべき点をあぶりだしていくのです」

課題を明確にした上で、想定した利益を確保するための売上や原価経費の水準などを顧問先企業とひざを突き合わせて決定する。目標利益を達成するための数値計画を毎期の期首には作成し、これを企業は実行に移していく。「私たちは単に数字だけを並べた計画を作るのではなく、その数字の根拠となる戦略も明確にします。顧問先が実行しやすいように分かりやすく具体的な形で行動を明確にするように心がけています。そして定期的に顧問先を訪問し、計画通りに経営が進んでいるかをチェックさせて頂きます」

こうして毎期の数値計画の作成とその達成度合いのタイムリーなチェックを通し、赤字体質の企業でも数年をかけて黒字体質に転換させていく。鈴江総合会計事務所ならではの分かりやすく具体的な計画を実行に移した顧問先企業の多くが黒字体質を維持している。冒頭でも記載した通り、現在鈴江所長が抱えている顧問先企業の8割が黒字経営を実現している。

最適な節税策を提案

顧問先企業の実情に合った節税策でキャッシュフローを増強

「黒字になって利益があがれば次に問題となってくるのが税金です。節税策の提案も私たちの腕の見せ所です」。法人税や所得税、消費税といった毎年発生する税金は、経営者にとっては頭の痛い問題だ。鈴江総合会計事務所ではこのような税金の節減についても積極的に取り組んでいる。税額控除や特別控除等の政策減税の活用や、繰越欠損金の有効活用、税率差の利用、税金の繰り延べ、合法的な利益調整などといった手法を駆使して、将来にわたり長期的に税金を抑えるプランを作成する。場合によっては、関連法人を設立したり組織再編成を活用するなど、その手法は幅広い。一方で節税策を実行すると税金追徴リスクも生じる。税金追徴リスクの高低や追徴を受けないための理論武装の可否、仮に税金追徴を受けた場合の影響額も総合的に勘案したうえで、顧問先企業と十分に協議して最終的に実行するか否かを決める。

「実際の節税プランの組成にあたっては、顧問先企業の資産内容や経営の実情を十分に把握したうえで、複雑な節税プランをオーダーメイドで検討することもあります」

節税策をうまく組むことで、企業のキャッシュフローは節税分だけ改善する。黒字企業にとって税金の節減は欠かせないポイントである。

豊富な実績を持ち強みとなっている相続・事業承継対策

「何年も前から将来に備え事前の対策を取ることが重要」

鈴江総合会計事務所が開業以来、専門的に手掛けて多くの実績を培ってきたのが企業の相続・事業承継対策だ。「相続・事業承継の問題を扱う上で大切なことは事前の周到な準備です。何年も前から将来の相続・事業承継に備えた準備が非常に重要になってきます」

こう話す理由を鈴江所長は「規模にもよりますが、儲かっている中小企業のオーナー経営者であれば、現金化できない株式に相続税が数億円かかることもあります。会社からの退職金を含めても、手元の現金預金がそれほど多くないケースが多く、これではご遺族が数千万円から数億円もの借金をして相続税を納税する必要に迫られることになります。しかし数年をかけて事前に対策を講じておけば、相続税を数億円単位で減額することも可能で、ご遺族の方は借金をする必要もなく、逆に手元にしっかりお金を残すこともできます」と説明する。

鈴江総合会計事務所がクライアントから相続・事業承継の対策を依頼されれば、まず現状の株価を含め現時点で相続が発生した場合の相続財産と相続税額を試算する。手元の現金預金に加え相続発生時に受け取れる生命保険金や死亡退職金も試算し、現状で納税可能かどうかをチェックしていく。さらに、10年程度先までの株価と相続税額の将来シミュレーションを立てて、現状と将来の試算を照らし合わせることで、最適な相続税の納税プランを立案していく。あわせて最適な相続税納税に向けての課題や問題点を浮き彫りにしていく。

相続・事業承継に関しては将来シミュレーションを立てるなどして万全の対策を取る

「課題解決のために行う主な方法が、株価の引き下げ対策と相続財産の圧縮です。株価の引下げ対策も相続財産の圧縮対策も様々な方法があります。例えば生前退職金や不動産投資、生命保険の活用、計画的な生前贈与などで、これらを複合的に組み合わせて対策を立案します。プロの領域の仕事ですね」。相続税対策を行った場合の将来シミュレーションも立てて、実行に移すかどうかを検討。まさに万全の対策をとって相続・事業承継に備えていく。「出来合いの将来シミュレーションシステムなどは存在しないので、クライアントごとに完全個別で対応することが必要です。かなり手数はかかりますが、やりがいのある仕事です」

「ただ、株価引下対策や相続財産の圧縮対策はメリットだけではなく

独立からおよそ10年で多くの金融機関や企業から信頼を集め確固たる地位を築き上げてきた

デメリットもはらんでいます。節税のことだけにフォーカスせず、将来的な納税資金の確保が可能なのか、相続人間でもめないような遺産配分ができるのかなど、幅広い視点から対策を考えることが大切です」

これまで多くの相続・事業承継を手掛けてきた鈴江総合会計事務所だが、鈴江所長は「様々なケースに対応できるノウハウが蓄積されていますので、相続問題でお困りの方、不安な方は相談にお越しください」と呼びかける。さらに鈴江所長は「私たちの事務所では、相続税対策に加え、将来会社を継ぐ後継者のサポートも行っています。経営者としての心構えや経営ノウハウを伝授させて頂き、会社がさらに成長曲線を描くための円滑な事業承継を実現させています」と胸を張る。

困難な課題や案件には鈴江所長自らが対応

スキルや専門知識の提供とともに、「人間力」を磨く

企業の経営状態を分析し、ベストな対策を提案する鈴江所長。数字のプロならではのサポートで、会社の経営状態を好転させる。豊富な知識と経験、専門のスキルで多くの企業からの信頼を勝ち得てきた。事務所として受け持つ企業が多くなった今でも、鈴江所長はクライアント企業全ての決算内容に詳細に目を通し、経営状態を把握している。

「スタッフが担当しているクライアントでも、何か困難な課題や案件に直面すれば、私が直接対応する

ようにしています。会社の数字という中枢の部分を任されている以上、プロとして絶対に手を抜くわけにはいきません」。そんな鈴江所長が、スキルや専門知識の提供とともに事務所全体で徹底して取り組んでいるのが、クライアントへの応対姿勢だ。「こちらがどれだけ良いプランを提案しても、クライアントに受け入れて頂けないと意味がありません。私たちとクライアントの双方が共同作業を行うことで、課題解決への糸口や目に見える成果があらわれてきます。だからこそ、クライアントと深い信頼関係を構築することが非常に大事なポイントとなります」。こうした信頼関係を構築していくために、鈴江総合会計事務所が実践している5つの遵守事項がある。それは①お約束した頻度で訪問あるいは来所面談を行う②お客様には、分かりやすい言葉で十分な説明を行う③お客様のご相談には親身に対応する④お客様が、不愉快となるような応対はしない⑤お客様のご依頼には迅速に対応する－というものだ。「専門家としての価値とは何でしょうか？一つにはスキル面の価値、すなわち専門領域における知識・経験を高めることが絶対不可欠です。しかし私は専門領域におけるスキルの他に、より重要な価値として、専門家の『人間力』を高める必要があると考えています。『人間力』が不足しているとお客様と良好なコミュニケーションがとれなかったり、お客様の立場・状況への配慮が不十分だったりします。このような『人間力』に乏しい専門家は、たとえスキルが高くても、お客様から真のパートナーとして認めてもらえないのではないでしょうか」と言い切る。「私たちは従業員一同が『人間力』を磨いて、全てのクライアントと良好な関係を築いていきたいと思います」と鈴江所長は熱く語る。

将来の法人化を見据え、グロウリードグループを結成

「全てはクライアント企業の発展・成長のために」

事務所開業から順調な歩みを見せてきた鈴江総合会計事務所だが、令和元年11月に大きな変化があった。グロウリードグループという組織を結成したことだ。

「これは鈴江総合会計事務所と連携してともに仕事を行う石橋経営会計事務所との将来的な統合、法人化を見据えた組織です。いずれは税理士法人化して、両事務所を完全に一つにまとめ、大きな組織として活動していきたいと考えています」。組織を大きくする理由を鈴江所長は「クライアントに永続的なサービスを提供し、未来永劫にわたって発展・成長して頂くため」と説明する。

「私が将来リタイアしても、クライアントに今と変わらないクオリティのサービスを提供していくためには、常に優秀な人材を確保しなければなりません。そのために法人化して、スタッフの働きやすさや持続可能な成長ができる環境づくりなど、強固な事務所基盤をつくる必要性を感じたのです」。「近い将来には法人体制を整えたい」と意気込む鈴江所長は、常に未来を見据え、目先にとらわれることのない事務所運営を続けている。全てはクライアント企業の発展・成長のために。

「私たちの役割は、数字のプロとして財務面から会社を強くし、事業承継や資金調達、税金対策など、経営に関わる幅広い課題を解決することです。『経営の相談に乗ってほしい』、『銀行借入を円滑にしたい』、『赤字が続いているが何とかしたい』、『事業承継・後継者問題で悩んでいる』、『事業をもっと大きくしたい』、『会社の方向性やビジョンに迷いがある』、『税理士を変えたい』。こういった悩みをお持ちの時は我々の出番ですので、『こんなことで相談に行って良いのかなと』と思わずに、気軽に頼って頂きたいと思います。正式に仕事の依頼を受けるまでは原則相談料は無料にしていますので」と鈴江所長。

自身の信条である〝為せば成る。為さねば成らぬ何事も〟を胸に秘め、今後も中小企業の支援に全身全霊を注いでいく。

PROFILE

鈴江　武（すずえ・たけし）

昭和 43 年生まれ。徳島県出身。平成 3 年一橋大学経済学部卒業後、第一勧業銀行（現みずほ銀行）入行。同 13 年公認会計士松井章事務所入所。同 14 年税理士試験合格。同 15 年社会保険労務士試験合格。同 16 年中小企業診断士試験合格。同 18 年公認会計士試験合格。同 19 年監査法人東明会計社で監査業務を兼務。平成 22 年 9 月鈴江総合会計事務所開設。税理士。公認会計士。中小企業診断士。社会保険労務士（試験合格）。

（所属・活動）

後継者軍師会会員。ひょうご産業活性化センター登録専門家。きたしん総合研究所アドバイザー。近畿税理士会。公認会計士協会近畿会。大阪中小企業診断士会。大阪府中小企業診断協会。TKC全国会。

INFORMATION

グロウリードグループ

鈴江総合会計事務所

URL　https：//www.suzueoffice.com/

所 在 地

〒 541-0046　大阪市中央区平野町 2-1-2　沢の鶴ビル 7 階
TEL　06-4256-1813　FAX　06-4256-1814

アクセス

大阪メトロ堺筋線　北浜駅 5 号出口より徒歩 2 分
大阪メトロ中央線　堺筋本町駅 12 号出口より徒歩 6 分

設　　立

平成 22 年 9 月

業務内容

税務顧問業務、税務申告業務、相続・事業承継対策、会計（記帳代行・巡回監査）業務、税務相談・経営アドバイス業務、節税提案、資金調達・財務内容改善支援、組織再編成支援、株価評価業務

経営理念

1. お客様から真に必要とされる専門家集団として、誠心誠意、お客様の発展に貢献する。
2. 事務所と事務所構成員、お客様の 3 者が、均衡のとれた最大幸福を実現する。
3. 専門家集団として、法令を遵守し、知識・経験の研鑽に努める。

横浜で会社設立・許認可件数トップクラスを誇る行政書士事務所

未来を担う起業家を全力でサポートする

かもめ行政書士法人
代表社員　行政書士
清水　直《すなお》

自分たちの作る書類の１枚、１枚がお客様の大切な未来を創るといった自覚をもって、全力で業務に励んでいます

全国で約4～5万人いるといわれる行政書士は法務の身近なアドバイザーとして頼れる存在だが、独立開業しても業績が上がらず、廃業に追い込まれるケースも少なくない。また行政書士の主な業務である書類作成は、将来的にはAIの代替になる可能性が高いことも指摘されており、これからの時代は、従来の仕事をこなすだけではなく、顧客にプラスアルファの付加価値を提供する力が求められている。

こうした厳しい環境にある行政書士業界の中にあって、顧客からの依頼が絶えず、右肩上がりに成長を続けている事務所がある。神奈川県横浜市にある「かもめ行政書士法人」だ。横浜の地における会社設立や建設業許認可の実績はトップ数を誇り、良心的な価格設定で提供している英文契約書サービスは、大手企業や上場企業からの依頼が全国から舞い込み、高い評価を受けている。

代表を務める清水　直氏は、「お蔭様で現在は、途切れることなく多くの依頼を頂いていますが、決して慢心することなく、一つひとつの仕事を丁寧に真心込めて取り組んでいます」と語る。

真摯な姿勢とクオリティの高い仕事ぶりは顧客から大きな信頼を集め、地元横浜をはじめ、県外からも多くの依頼者が訪れる。

発展の鍵は他にはないUSP（独自の売り）を高めること

会社設立、許認可申請、英文契約書作成が業務の3本柱

神奈川県横浜市。かもめ行政書士法人の事務所は横浜駅からほど近いアクセス抜群の場所にある。駅前に事務所を構えるほど順風満帆な現在だが、開業当初はとても苦労したという。

事務所全体の業務をサポート・管理する
清水綾子氏

「最初の1年半はほとんど仕事がない状態で、貯金を切り崩し、アルバイトもしてなんとか生活をしのいでいました。あの頃が一番精神的につらかったですね」と当時の思いを振り返る。

ソフトウエア会社に勤めていた清水代表が退職をして、行政書士事務所を開業したのは平成24年。開業後の歩みは決して平坦な道のりではなかったが、「仕事がなく困っていた事務所が、依頼の絶えない事務所へ変貌することができました」と笑みを浮かべる。

現在は成功へのプロセスを同業の行政書士に尋ねられることもあるそうだ。

清水代表は「お客様のために誠意をもって懸命に仕事をするのが大前提ですが、それにプラスして他の事務所にはないUSP(独自の売り)を高めることです」と成功のためのポイントを指摘する。「事務所が仕事を得るには、まず依頼者であるお客様の利益を考え、お客様によりプラスになる案やサービスを通して新たな価値(付加価値)を与えるものでなければなりません」と言い切る。『すべてはお客様のために』。その一念で仕事に向きあう清水代表の矜持が伺える言葉だ。

行政書士の業務には、相続、ビザ、各種の許認可、会社設立などの幅広い仕事があるが、かもめ行政書士法人では主に会社設立、許認可、英文契約サービスを3つの柱に据えて、精力的に取り組んでいる。

会社設立・許認可申請で神奈川県下随一の実績を誇る

「自分たちの作る書類がお客様の未来を創る」

会社設立業務は、神奈川県下で年間30～50の案件を手掛けているが「依頼を受けて1週間から10日間ほどで会社ができる」と、その迅速な仕事ぶりに、起業を志す顧客の人気を集めている。

最初の大きなステップは定款作成だ。清水代表は「定款は会社にとって憲法の様なもので、定款に条文を盛り込むことで様々な法的リスクを回避でき、会社や経営者を守ることができます。しっかりした定款を作るためには、依頼者のビジネスの内容を理解することがとても重要です」と強調する。また、起業するために一番大切なことは「ビジョンと計画」だという。「ビジョンがなければ起業しても進むべき方向性が定まりませんし、計画がなければいずれ立ち行かなくなっていきます」

会社設立は無論のこと、融資に必要な事業計画の作成や面談のアドバイスなど、起業後を見据えてのトータルなサポートにも力を注いでいる。

かもめ行政書士法人の2つ目の業務の柱は許認可申請業務だ。なかでも一番多いのが建設業の許認可申請で、累計申請数は200を超え、神奈川県下屈指の実績を誇る。

軽微な工事では必要ない建設業許認可だが、最近では元請からの要請や、公共工事の入札に参加するため、あるいは社会的信用度を高めるために積極的に許認可を取得しようとする事業主が増えている。

「建設業の許認可申請には膨大な書類が必要ですが、ひとつでも不備があれば役所は受理してく

会社設立や建設業認可を得意としている
社員（役員）の大鐘千晴氏

れません。役所の求める細かいルールや決まり事に、いかに漏れなく対応していくかがポイントになります」

申請が通るためには、役所とのコミュニケーション力や対応力が鍵となるが「これまで数多くの実績を積む中で、こうした力を培ってきました」と胸を張る。

「私たちのできることは小さなことかもしれませんが、書類が通らないことには、お客様が次のステージに行くことができないのも事実です」

こう語る清水代表は「自分たちの作る書類の1枚、1枚がお客様の大切な未来を創るといった自覚をもって、全力で業務に励んでいます」と熱く語る。

コンサルティングも含めた英文契約書の作成サービス

高品質なサービスとリーズナブルな価格で大手企業からも多数の依頼

かもめ行政書士法人の大きな特徴として、行政書士としては珍しい英文契約書の作成サービスを提供していることがあげられる。グローバル社会となり、ビジネスも国内のみならず海外との取引が当たり前に行われている現代。海外とのビジネスにおいては、英文契約書を取り交わすことは必須となっている。清水代表はサラリーマン時代、ニューヨークでの海外勤務の傍ら、米国公認会計士（USCPA）の資格を取得した異色の経歴の持ち主だ。「英文契約書を理解するうえで重要なことは、単に英語ができるだけではなく、日本とは異なる海外特有のビジネスのやり方や知識に精通していなければいけません」

一般的に日本国内での取引は、契約そのものが当時者間の信頼の証となるため、契約書の内容は細部まで記載されていない場合が多い。しかし、海外では詳細に契約内容を取り決めるため、時には50ページ近くの膨大な量になることも珍しくない。加えて日本人が困惑するのが、英文独特の言い回しや難解な専門用語だ。

「海外企業との取引で相手側が契約書を作成してきた場合、日本では考えられないほど一方的に自分が有利な内容や条件を提示するケースがほとんどです。内容を理解しないまま簡単にサインをすると後々大きなトラブルになるので、細心の注意を払ってチェックすることが必要です」

このようなリスクを回避するためにも「相手側が契約書を用意するより先に自社の契約書を用意し、交渉を優位に進めることをお薦めします」という。

清水代表の強みは契約書の翻訳や作成を行うだけではなく、リーガルチェックや英米法の解釈など複雑で難解な英文契約書について、コンサルティングも含めてサポートしてくれる点だ。

またリーズナブルでわかりやすい価格設定も依頼が急増する要因となっている。一般的に英文契約書作成などのサービスは弁護士が行うことが多いが、その場合の相場価格は1時間につき4～5万円程度となっており、仮に業務に10時間かかるとすれば、約50万円もの高額な金額になってしまう。これに対してかもめ行政書士法人では、時間ではなく1ページあたりの価格設定となっているため「通常の法律事務所より、50％程度安く作成できる」という。

リーズナブルな価格設定とともに、清水代表が重視しているのが、如何に顧客に有利な条件で契約書を作成するかという点だ。良心的な価格設定と高品質なサービスが好評を博し、今では全国の大手企業や上場企業からの依頼が絶えない。

「英文契約書や海外契約書でお困りごとがあれば、平日の夜や土日の受付も行っているので、ぜひ一度お気軽に相談してください」

事務所のチームワークと結束力が大きな武器

顧客のニーズに応え旧来の枠にとらわれない創造的な仕事を

労働者にとって働きやすい環境づくりを推進する「働き方改革」が叫ばれて久しいが、仕事をするうえでチームワークと結束力を何より重視する清水代表は、スタッフが働きやすい環境整備にも力を注ぐ。

「働きやすさや仕事のしやすさが、ひいてはお客様への質の高いサービスの提供につながると考え、その点は常に気を配っています」

多くの依頼が舞い込むかもめ行政書士法人では、時には50近くもの案件が同時に進行していく。そのため短くても毎日ミーティングを行い、お互いの情報共有を欠かさないという。また案件の進捗状況がネットで一目見てわかるようにするなどし、時間をかけずに業務が行える体制を整える。

「ITをうまく使うことで生産性が高まり、ひいては長時間労働や残業の解消にも繋がります」と清水代表。現在、かもめ行政書士法人のスタッフは事務を請け負う妻の綾子さん、創業当初から税務面で対応している藤原税理士・行政書士と、社員（役員）の大鐘氏の3人が在籍している。

大鐘氏は仕事の醍醐味を「会社設立や建設業認可の仕事をしているので社長さんとお話をさせて頂く機会が多いのですが、とても勉強になり、良い刺激を頂いています」といきいきとした笑顔で語ってくれた。

このような働くスタッフのモチベーションの高さとチームワークの良さも、かもめ行政書士法人が顧客から選ばれる事務所として躍進する原動力となっている。

清水代表は「旧来の行政書士業務の枠にこだわらず、お客様からぜひお願いしたいと言われる仕事を創造し、斬新な発想とアイデアで社会に役立つ取り組みに力を尽くしていきたい」と熱く語る。

自助の精神を信条に、自分の道は自分の力で切り拓く

会社設立、起業支援で日本中を前向きに元気にしたい

平成24年の開業以来、幅広い顧客からの信頼を集めて着実に業績を伸ばしてきた。そんな清水代表には、常に自らの行動の指針としてきた信条がある。それはかつて海外勤務をしていたアメリカで感銘を受けた自助の精神だ。

「アメリカ人は困難な問題が起こると、国や誰かに頼って何とかしてもらおうとするのではなく、自分の道は自分で切り拓いていくという自助の気持ちがとても強いのです」

その精神に逞しさを感じたという清水代表は「自分もそのような生き方を目指したい」と話す。

「士業の未来を考えた時、八方ふさがりだと思う人もいるかもしれませんが、私はお客様のニーズにあった仕事をしていけば、必ず突破口は見いだされると思っています。仕事は自分で作ってい

くもの。突破口を切り拓くのは自分自身の力です」

また士業が生き残っていくためには「事業自体の規模を大きくして、生産性を高める必要があるのではないか」と自論を述べる。

「日本の行政書士事務所で法人化されているのは僅か2％ほどです。アメリカでは公認会計士も銀行のようにどんどん合併して大きくなっています。生産性をあげて組織の安定性を確保するためにも、我々の業界もアメリカのように法人化の流れに進んでいくのではないかと思っています」

主に税務面で対応している
藤原嘉文税理士

事務所経営も軌道に乗り、多忙を極める清水代表だが、リラックスできる時間は趣味である洋楽を聴くことだそう。なかでも青春時代によく聴いたプリンスがお気に入りだ。「1日に1曲作るようなプリンスの仕事に対する真摯な姿勢と矜持は学ぶべきことが多いです」と語る。

また、自己研鑽のために日頃から読書も欠かさないが、特に経営の神様と言われた松下幸之助氏の著書は暗記するほど読み込んだという。松下氏からは経営理念を持つことの大切さを教えられたと語る清水代表は「なんのために自分がこの事業を志すのか。根本の部分を考えるようになりました」と話す。そして自問した先に出てきた答えは「会社設立や起業支援をすることで、日本中を前向きに元気にすること。明日の日本を担う、未来の起業家を支える」というもの。この志のために「今後も全力で業務に邁進していきたい」と笑顔で語る清水代表。かもめが大空を飛翔するように、熱き志を抱いて横浜から全国へ、さらに世界へ、大きく高く羽ばたいていく。

PROFILE

清水　直（しみず・すなお）

昭和 45 年生まれ。福岡県出身。平成 6 年、西南学院大学卒業。国内企業、外国企業（アメリカ）、外資系企業での勤務を経て平成 24 年に独立開業。平成 31 年 2 月に法人化し、かもめ行政書士法人となる。これまでの経理・総務の実務、行政書士の他、米国公認会計士（試験合格）、簿記の資格を有している。お客様の作り方、会社運営の仕組み化、財務体質の安定・強化を中心に取り組んでいる。

INFORMATION

かもめ行政書士法人

https：//www.kaisha-kigyo.com/

所在地

〒 220-0003　横浜市西区楠町 27-9
横浜ウエストビル 301
TEL　045-392-3713　FAX　045-392-3723

アクセス

JR 横浜駅から徒歩 10 分

設　立

平成 24 年　平成 31 年法人化

業務内容

会社設立サービス、事業計画書コンサルティング、創業融資サービス、許認可代行サービス、英文契約書サービス

かもめ行政書士法人の特徴

グローバルとローカルを兼ね備えるグローカル事務所

一言アピール

あなたの会社設立をフルサポート！
「会社づくり」から始まる「社会づくり」と語る清水行政書士。

弱者の代弁者として市民の暮らしに寄り添う「街の法律家」

1000社以上の企業法務担当実績を誇る異色の行政書士

行政書士さかもと綜合事務所

代表行政書士

坂本　琢政

地域の身近な困りごとを相談できる
暮らしに寄り添う頼れる存在でありたい

新型コロナウイルスの感染拡大は医療や教育、社会生活、経済活動のあらゆる分野で大きな影響を及ぼし、まさに世界を震撼させる歴史的エポックを画している。ウイズコロナ時代の今日、社会の至るところで新常態「ニューノーマル」が始まり、消費行動、企業経営のニューノーマルへの対応が取り沙汰されている。

とりわけ経済に与えた打撃は深刻で、倒産や廃業に追い込まれる企業が相次いでいる。こうした窮状を目の当たりにして、「困っている人たちの力になりたい」と決意を新たにしているのが大阪市の中心、中央区本町に事務所を構える行政書士さかもと綜合事務所代表の坂本琢政行政書士だ。

「今回のコロナ禍はまさに未曽有の厄難で、困窮している方は想像を超えて増え続けています」と危機感を募らせる一方、「一番の問題はそのような方が気軽に相談できる場所がほとんどないことです」と指摘する。

「コロナ禍に喘ぐ今だからこそ、従来の行政書士業務の枠組にとどまらず、地域の身近な困りごとを相談できる暮らしに寄り添う頼れる存在でありたい」と語る坂本代表は、その実現に向けて日夜奮闘している。

疲弊した経営を救済する持続化給付金制度に対応
「コロナ禍で困窮する人々の力になりたい」

行政書士さかもと綜合事務所の設立は令和2年2月22日である。坂本代表は2が並ぶ特徴のある日を開業日に選んだ理由を、「昭和26年（1951年）2月22日に行政書士法が公布

どんな相談も気軽に対応する行政書士事務所

され、この日を『行政書士記念日』と定めています。以前から私は開業するなら行政書士記念日の2月22日にしようと決めていました」と笑顔で答える。

企業法務を中心に新規の顧問契約を獲得するなど、順調な滑り出しをみせていたが、そんな坂本代表を思いもよらぬ不測の事態が襲う。新型コロナウイルスの感染拡大だ。

「さあ、今から頑張って業務を軌道に乗せようと意気込んでいたところだけに、正直これからどうなるのだろうという不安でいっぱいでした」

コロナ禍で打撃を受けた企業を救済するための政府の持続化給付金制度には、全国で依頼者が殺到し、坂本代表のもとにも多くの相談者が訪れた。

「相談に来られる皆さんは本当にお困りの方ばかりで、持続化給付金以外にも融資や家賃支援などについてお手伝いをさせていただきました」と当時を振り返る。なんとか力になれたらと、その一念で切実な悩みを抱える顧客の相談に応える中で、今後の活動の指針となるひとつの話題を耳にした。それは、生活保護を申請するため市役所の窓口を訪れたが、申請を断られて途方に暮れているという男性の話だった。

「この話を聞いていてショックを受けました。生活に困った市民にとって、行政はいわば最後の些です。市役所の窓口で生活保護申請を断られるということは後がないということで、絶望的な気持ちになるのではないでしょうか」

コロナ禍で気づかされる多くの困窮者の存在
誰もが安心して気軽に相談ができる場所をつくる

生活保護を巡っては近年不正受給など、様々な問題が取りざたされている。しかし坂本代表は、「市町村の予算に限りがあるのは理解できますが、本当に必要な人に支援が届かないということはとても大きな問題だと思います」と疑問を呈する。生活保護は命を守る最後のセーフティネットと言われ、そこから漏れることは生きる権利を失くすことに等しい。生活保護が受給できなかったために、悲しい結末を迎えた事件をニュースで見聞きすることがあるが、そのようなことは決してあってはならないことだ。だが、社会にはそのような深刻な立場にいる人が多くいることを坂本代表は改めて強く感じた。

「市役所に相談に行っても断られてしまい、かといって弁護士の先生に相談するにはなかなか敷居が高いと感じる人もいる。ではそのような人はどこにいけばいいのか。あきらめるしかないというのか」

この時、坂本代表の胸に義憤の感情とともに持ち前の正義感が燃え上がる。そして、「困っていても誰にも相談できない人、頼ることができない人には自分が受け皿になろう。誰もが安心して気軽に相談ができる場所を、自分がつくっていこう」と固く決意したという。そこからの行動は早かった。志を同じくする税理士や司法書士に呼びかけるとともに、公民館や区民館で無料の法律相談の開催を計画した。現在はパートナーを組む税理士や司法書士と議論を重ね、着々と準備を進めている。

「内容は『市民の困りごと』を解決する場にしたいと思っています。他士業の先生方にも協力をお願いしていますが、まずは本当に困っている方に、気軽に相談できる場所を提供したいと考えています」と意気込む坂本代表だが、目下の課題はこの活動をいかにして、多くの人に認知してもらうかだという。

「いくら私がここにいますと旗を降っても、本当に必要としている人に見つけてもらわなければ意味がありませんから」

高齢者に向けた訴求方法では新聞広告を出したり、市役所にポスターを掲示させてもらい、デジタル世代の若い人にはスマホやQRコードなどを駆使して認知してもらうことを考えているという。「まずは地道にできることから始めていきたい」とその思いを熱く語る。

「内容によってはすぐに解決できない問題もあるかもしれません。でも、その人の暮らしを再生するにはどうすればいいかということを、一緒に考えることはできると思っています。一人で悩むのではなく、困ったことがあればぜひ、私たちに相談してください」と坂本代表は心から呼びかける。

ホテルで学んだ心からのホスピタリティ精神

労務コンサルで1000社以上の経営者をサポート

坂本代表は学業を終えると、東京都内のホテルニューオータニに就職。社会人としての第一歩を踏み出す。ホテルニューオータニは、1964年の東京オリンピックの年に開業し、一流

顧客の立場にたったわかりやすい説明をこころがけている

のホスピタリティを格付けする「フォーブス・トラベルガイド」によって日本初の9つ星を獲得したホテルとして知られ、日本を代表する格式あるホテルだ。そこで坂本代表は、一流のホスピタリティとはどのようなものかを肌で学ぶことになる。

「ホテルマンとして、サービスと本当のホスピタリティの違いを教え込まれました。サービスというのは単に『役に立つこと』ですが、ホスピタリティとは『おもてなし』なのです。『おもてなし』はお客様に喜びを与えることに価値を見出していくとともに、さらにクオリティの高い接客を意味します。そして心からのおもてなしをするためには、相手に対する思いやりの心が必要になります」と語る坂本代表。

ホテル内でバーテンダーをしていた時、坂本代表は顧客の嗜好を徹底的に覚え、いかに喜んでもらえるかを常に考え行動したという。こうしたきめ細やかな接客が功を奏し、顧客からは「今日は坂本君はいるかな?」と、名指しで求められるほど信頼を集めた。「ニューオータニに行けば、私がいると思って来て下さる。こうしたお客様が当時はたくさんいらして…。本当にありがたかったですね」としみじみと語る。

坂本代表が身をもって会得したホスピタリティ精神は、行政書士として働く今もしっかりと受け継がれている。「結局、昔も今も人が喜んでくれる姿がたまらなく嬉しくて好きなんですね」と屈託ない笑みを見せる。ホテル業界を15年間勤めあげた後、坂本代表が新たなステージとして選んだのはコンサルティング業界だった。労務コンサルティング会社に入社し、企業法務を担当して契約書チェックや、人事考課制度の整備など、企業が活動を行う際に付随する法律業務全般を経験し、1000社以上の経営者をサポートしてきた。この時の豊富な経験が、現在の業務を行う上での大きな力となっている。

「行政手続きや企業法務をこなして実務経験は豊富だったのですが、肝心の資格がなかったので、行政書士の資格を取得することにしました。行政書士となって開業にいたるまでの道のりは紆余曲折あったものの、そのすべての経験が今の自分の糧になっています」と語る坂本代表。

「今まで培った一つひとつの経験を大切にして、お客様のために活かしていきたいです」と瞳を輝かせる。

依頼者の相談や悩みはどんな内容でも受け止める

難しい言葉は使わない、常に簡単にわかりやすく話す

坂本代表が業務を行う上で大切にしている信条に『依頼者の相談や悩みは、どんな内容であってもいったんは受け止めたい』というものがある。

先日も顧客から『店を閉めようかと悩んでいるが、誰か後を継いでくれる人はいないだろうか』とい

う相談を受けたという坂本代表。「人を探すことは専門外のことではありましたが、『私ではないので、他をあたってくれませんか』と簡単に拒絶することはしたくありません」ときっぱりとした表情で語る。結局、後継者問題は、坂本代表のネットワークを駆使して店を継いでやってみたいという人が見つかり、解決に導くことができたという。

「もちろん、これまでどおり企業法務や事業承継、相続など従来の行政書士が扱う案件での依頼も多く寄せられていますが、相談者とのご縁を大切にしながら、形式にこだわることなく依頼に訪れるお客様にはすべて誠実に向き合っていきたいと思います」

こう語る坂本代表のもう一つのモットーは、「お客様と話す時は難しい言葉は使わない。とにかく簡単にわかりやすく伝える」ということだ。

「相続で遺贈という言葉があるのですが、民法でも勉強していない限り、一般の方にはわかりません。そのような専門用語はなるべく使わずにお客様の立場にたって、わかりやすくお話するように努めています」と語る。

新たなフィールドを求めて特定行政書士資格を取得

不服審査請求の代理人になり弱者の声を代弁する

日々業務に邁進している坂本代表だが、活動のフィールドを広げるために去年の秋、特定行政書士の資格取得にチャレンジを行い、無事に合格を果たした。この資格の大きな特徴は、不服審査請求の代理人になれることがあげられる。今までは弁護士しかできなかった業務だが、平成26年の法

常に弱い立場の方の代弁者でありたいと語る坂本行政書士

改正で特定の研修を受けて試験に合格した行政書士に限り、取り扱うことができるようになった。

例えば『生活保護を申請したけれども市役所で断られた。あるいは難民申請をしたけれど受理されなかった』など、申請が通らないことについて起こる様々な問題に、異議申し立てを行うことができるようになる。

「以前は困っている人を助けたくても、具体的にサポートすることができませんでしたが、特定行政書士になると、そのような方たちの代弁が可能になるので、しっかりとサポートできるように全力を尽くしたいと思っています」

今回のコロナ禍に見舞われるまで、社会的に弱い立場にある人がこれほど多くいることに気がつかなかったという坂本代表。

「自分が開業して何のためにこの仕事をやっていくのかという意味をはっきりと自覚することができました。行政書士は書類をただ作るだけではありません。私の作る書類で困っている方を助けることができる。そのことがより深く理解できた今、誇りをもって業務に取り組んでいきたいと思います」と熱く語る。

これからも『暮らしに寄り添う街の法律家』として、常に弱者の代弁者でありたいと願う坂本代表。その温かい姿に、社会正義に一身を捧げる熱血行政書士の真髄を見る。

PROFILE

坂本 琢政（さかもと・たくまさ）

昭和 43 年生まれ。大阪府出身。東京の国内トップクラスのホテルに就職し、ホテルマンとして勤務。その後ブライダル業界を経て、コンサルティング業に転身。平成 29 年行政書士資格取得。会社員時代、労務コンサルティング会社、人材ビジネス会社で企業法務を通じて 20 年間、1,000 社以上の企業法務を担当した異色の行政書士。

INFORMATION

行政書士さかもと綜合事務所

https：//sakamotosogo.com/

所 在 地

〒 540-0029　大阪市中央区本町橋 2-23　第 7 松屋ビル 3F
TEL　06-6809-6603　FAX　06-6809-6604

アクセス

大阪メトロ堺筋線「堺筋本町」駅⑫番出口　徒歩 5 分
大阪メトロ谷町線・中央線「谷町四丁目」駅④番出口駅徒歩 7 分

設　　立

令和 2 年 2 月

業務内容

〈外国人雇用に関するサポート〉
在留資格認定証明書交付申請、在留資格変更許可申請、在留期間更新許可申請、就労資格証明書交付申請
〈コンサルティング〉
契約書作成・精査、コンプライアンスサポート、コンサルティングサービス、創業融資サポート

業務内容

・企業（コンプライアンスサポート、社内規則の整備、契約書作成など）
・個人（任意後見・見守り、遺言、相続手続きなど）
・創業支援（事業計画の作成支援、補助金・助成金申請など）
・国際事務（在留資格申請、更新、その他入管手続き）

豊富な行政実務経験と深い専門知識で地域を支える行政書士事務所

「三方よし」で地域に貢献する
産業廃棄物、薬のスペシャリスト

行政書士・富樫眞一事務所

代表　行政書士
富樫　眞一

どの分野においても重要なのは俯瞰的に物事を見た上で、個別の事案を処理すべきか考えることです

廃棄物処理・薬の専門知識を活かして行政書士へ

廃棄物処理事業を環境保全・改善へ導き、社会貢献へつなぐ

生活が便利になるにつれ、増えるゴミの処理問題。日本の産業廃棄物の排出量は、平成2年をピークに4億トン前後で落ち着いているものの、処分場が圧倒的に不足している。その理由は廃棄物処理場の建設には非常に厳しい基準が設けられている上に周辺住民の反対によって用地取得が困難であること、また処分場の建設決定後も設置トラブルが多発し、完成までに多大な時間とコストを要することなどがあげられる。

こうした中、産業廃棄物処理に関して、全ての許認可取得のサポートを強みにしているのが横浜市にある行政書士・富樫眞一事務所だ。代表の富樫眞一氏は長年、環境省および川崎市役所で廃棄物行政に携わり、環境部門で技術士の資格を取得。豊富な経験と専門的な知識を活かし、他の事務所では難しい専門的案件に対応している。

また富樫代表は薬学博士の資格も取得しており、薬局開設許可取得の手続きや薬局経営に役立つ運営改善法などの提案も得意としている。さらに遺産相続や入国管理などの依頼にも対応しており、事務所開業以来富樫代表の幅広い見識と専門知識を慕って多彩な業界、業種から依頼者が訪れている。

今後は効率的な廃棄物処理業者の業務推進に寄与するため、司法書士試験へのチャレンジも考えているという富樫代表。「自分のもつ知識や経験を人のために活かすことが人生における最大の目標」と語り、常に新たな知識の習得に意欲的な姿勢をもつ。

自身のキャリアを活かして廃棄物処理と薬学という
高い専門性が求められる業務をメインとしている

行政書士・富樫眞一事務所が開設されたのは平成31年4月。同事務所の強みは廃棄物処理と薬学という非常に高い専門性が求められる分野だが、バックボーンは富樫代表が築いてきたキャリアにある。

富樫代表は独立以前、厚生省水道環境部産業廃棄物対策課（現在環境庁に移管）、および川崎市環境局廃棄物指導課に所属し、化学職として廃棄物の許認可を担当する廃棄物行政や大気汚染防止行政、化学物質管理行政など、様々な観点から化学物質を取り扱ってきた。特に廃棄物処理においては、収集運搬、中間処分、最終処分の全ての工程を担当してきた。

こうした業務を担う中で「廃棄物処理の実態をより深く把握したい」と、技術士（環境部門）や薬剤師・薬学博士、放射線第1種取扱主任者など多くの資格を取得した。

技術士は文部科学省が管轄する難関の国家資格だ。資格を得るには科学技術全般にわたる基礎知識および専門知識が出題される一次試験に合格し、4～7年の実務経験を経て環境分野の専門知識が問われる二次試験をパスしなければならない。富樫代表は全ての条件を満たし、平成15年に技術士資格を取得した。

「長年に渡り、化学物質が人々に与える影響の良し悪しを見極める取り組みにも力を注いできました。独立後は、これまで得た知識や経験を活かして、廃棄物処理を生業とする事業者の事業拡大に関与すると共に、その活動を環境保全・改善に繋げ、社会貢献にも結びつく活動をしていきたいと業務を続けてきました」

富樫代表は廃棄物処理業許可と薬局設置サポートの2つの業務に加え、現在は相続と入国管理の分野にも力を入れている。

「どの分野においても重要なのは俯瞰的に物事を見た上で、個別の事案を処理すべきか考えることです」

同時に本質的な問題点は何か、何がゴールになるのかを徹底して検討し、明らかにしていく事にも常に意識して対応している。

産業廃棄物処理の専門家だからこそできる、独自の提案が強み

国の基準に盲従せず、納得できるまで調査・検討を続ける

産業廃棄物処理の許可には様々なハードルがある。まず「廃棄物の処理及び清掃に関する法律」（廃掃法）をクリアしなければならない。

例えば産業廃棄物の許可における要件では、飛散・流出および悪臭が発散しないよう措置を講じた設備があること、申請者が収集運搬や処分を的確に行える知識・技能を有していること、処理を

継続して行っていける経済的な基盤を持っていることなどをクリアしていなければならない。

また廃棄物処理業の許可は、基本的に当該廃棄物を扱う場所を所管する自治体ごとに申請書を提出しなければならないが、申請方法が自治体ごとに異なる。

求められる要件を満たす企業かどうかを見極め、かつ煩雑な手続きを行うとなると、専門的な知識と豊富な経験を有する行政書士でなければ対応が難しい。

この点、富樫代表は長年に渡ってこうした行政手続きに対応してきたという強みがある。

第一に役所が許可を出すポイントを熟知しているので、不備を指摘されにくい申請書の作成が可能であること。また処分場周辺からの苦情や運転トラブルが少ない効率的な処理方法を提案することで、顧客が長期にわたって安定的な利益を生み出せる処理場を建設することができる。

第二に技術士や薬学博士の資格・知識を活かし、顧客の既存処理施設に対する助言ができる。例えば処理システム全体を見直し、より安価で安全な処分方法を提案することも可能だ。

現在、産業廃棄物の中間処理には政令市の許可が必要となっている。そのためそれぞれが独自の考え方を持つようになり、本来の廃掃法よりも基準が厳しくなっている。

富樫代表は「環境への配慮という点では良いことですが、過剰になりすぎてますます処理場が不足するようでは問題です。私は依頼を受けたら話を詳しく聞いて真に必要な要件を見極め、ここなら大丈夫と判断した上で依頼を受けています」と語る。

「何も考えず国の方針に従って許可を申請するのは楽ですが、自分で納得がいくまで調査・検討しなければ、後になって苦情の発生源になる恐れもあります。従って私は自分の経験や知識を総動員し、顧客と弊所、地域住民の全てが満足できるよう、決して妥協しないやり方を貫いています」

薬局開設許可、入国管理、相続分野でも多くの顧客から頼られる

薬学博士としての知見と思いやりあふれる対応に信頼が集まる

行政書士・富樫眞一事務所は薬局開設許可の取得手続きや薬局経営の運営支援、および相続、入国管理などの案件にも対応している。

薬局開設許可手続きでは、薬剤師資格、薬学博士号を取得している行政書士として、化粧品の輸入販売を可能にする製造業および製造販売業許可申請手続きと共に、GQP（製造販売品質保証基準）やGVP（製造販売品安全管理基準）の設置、基準書作成などを手掛ける。

薬局経営の運営支援に関しては、漢方治療や心理カウンセラーの設置、法務相談のコーディネート、地域住民が薬局に対して抱いている要望への対応など、様々なニーズをカバーしている。

入国管理に関係する依頼には、永住権や帰化の申請などがあるが、なかでも「技術・人文知識・国際業務」（技人国）と呼ばれる在留資格の取得申請は、行政書士・富樫眞一事務所が数多く手がけてきた得意分野となっている。

「技人国」は外国人がエンジニアなど技術者、あるいは企画・営業・経理など人文系、または語学教師、通訳、翻訳家、デザイナーなど国際業務において企業で働く場合に必要となる在留資格だ。

富樫代表自身も技術系の専門家であることから「技人国の申請に対する思い入れは強い」という。これまでに中国、カンボジア、ドイツ、ロシアなどから日本で働きたいという依頼者の願いを10件以上実現してきた。

特に印象に残っているのは、20代の優秀な中国人女性のケースだという。世界で最大のシェアを

ビジネスだけの付き合いではなく
依頼者の人生にとってベストは何かを
常に考える富樫代表

誇る携帯販売会社に勤めており、若くして課長となって日本に派遣されてきたその女性は大のジャニーズファンで『日本に永住したい』と富樫代表に依頼してきたのだ。一般に永住権を得るには日本に10年間在住し、そのうち5年間の勤務実績が必要となる。しかし非常に優秀な希望者に限って在住期間が1年間で許可されるケースがあり、彼女はそれに該当したという。

「日本での永住、あるいは帰化が許可されるかどうかは、その人の人生を大きく左右する問題です。だからこそ迅速かつ思いやりのある対応で入管許可手続をサポートしています」

関わった全員が満足できる「三方よし」がモットー

仕事を超えて人と深く関われることが行政書士の醍醐味

業務を行う際に富樫代表が最も重視しているのは、昔から近江商人が大切にしていたという「三方よし」の精神。「三方よし」というのは、依頼者と共に受託者である富樫代表が満足でき、さらに地域社会にも何らかの形で貢献できていることで、すなわち「売り手よし、買い手よし、世間よし」こそ目指すべき最高のゴールだという。

さらに「三方よしと同じように大切にしているのが、正義という観点です」とも。「何が正義なのかを踏まえた上で、どうすれば三方よしになるのか、そのバランスを取ることを忘れてはいけません。例えば廃棄物処理なら法律を遵守しつつ、クライアントの利益を最大限に考えながら仕事をする。そして地域住民の方々にも喜んでいただく。正義を守りながら関わる皆が幸せになるように心がけています」と語る。

そんな富樫代表は「顧客と深く関われる点こそ、行政書士の一番の魅力」だと力説する。

例えば入管の依頼対応において、行政書士は依頼者の履歴書を見ながらその人がなぜ許可を申請するのかを聞き、理由書にまとめる。依頼者の過去から、現在はどういう気持ちで、今後どうやっていきたいのかという話を聞きながら文章を作っていくのだ。そうやって依頼者の人生と関わり合うことが非常に魅力で、醍醐味でもあるという。

そのために富樫代表は、ビジネスとしての付き合いだけでなく、依頼者の人生にとってベストな選択は何かという観点から、自分が持っている知識やリソースを最大限活かして、適切なアドバイスを伝えることを常に意識しているそうだ。

さらに業容を拡大し地域の「駆け込み寺」的存在を目指す

利益にこだわらず人に喜んでもらえる拠点作りが夢

売り手よし、買い手よし、世間よしが
目指すべきゴールと話す

行政書士として充実した日々を送る富樫代表だが、今後はさらに対応する業務範囲を広げていきたいと語る。その1つが自分で薬局を開業することだが、自分で調剤をするのではなく「地域の健康を支えるサポーターになりたい」との考えをもつ。

近年、厚生労働省は薬局を地域住民の健康を守る拠点とする方針を打ち出しているが、その流れに沿った展望といえるだろう。同時に「行政書士の資格を活かして、健康から法律まで、地域住民の様々な悩みを解決する拠り所となる施設づくりを目指したい」とも。

「例えば多くの医師や薬剤師と連携して、『こういう症状はあのお医者さん、あの薬剤師さんなら間違いない』というように、信頼できる優秀な専門家を紹介する役割を担いたいのです。最終的な私の目標は人助け。利益を上げることにはあまり重きを置かず、地域の人たちに喜んでもらえる拠点づくりを考えています」

自身の知識や経験を人の幸せに役立てるために進んだ行政書士の道。その想いは今、さらに広がり、新たな目標は地域の健康や法律、環境問題など様々な悩みや課題を解決する人々の拠り所。いわば駆け込み寺のような存在になることだ。「三方よし」をモットーにさらなるステップアップを求めて邁進する富樫代表の挑戦が続く。

PROFILE

富樫 眞一（とがし・しんいち）

昭和 32 年生まれ。富山市出身。神奈川県立横浜翠嵐高校を卒業後に薬剤師免許を取得し、星薬科大学大学院で修士課程を修了。昭和 60 年川崎市役所入所、清掃局や環境局で勤務。平成 29 年川崎市役所を退職。同 31 年行政書士に登録。同年、行政書士・富樫眞一事務所を開設。行政書士の他、薬学博士、技術士（環境部門）、環境計量士、放射線第 1 種取扱主任者、大気関係第 1 種公害防止管理者、水質関係第 1 種公害防止管理者、ダイオキシン類関係公害防止管理者、英検準 1 級など多数の資格を取得。

（所属・活動）

公益社団法人日本技術士会、日本行政書士連合会、公益社団法人日本薬学会

INFORMATION

行政書士・富樫眞一事務所

https：//togashi1957.com/

所 在 地

〒 241-0836　横浜市旭区万騎が原 79 番地 2
TEL　045-367-7157　FAX　045-367-7157

アクセス

相鉄線二俣川駅から徒歩 10 分

設　　立

平成 31 年 4 月

業務内容

廃棄物処理業許認可の取得、薬局開設許可・化粧品の輸入販売許可の取得、遺産相続、入国管理（技術人文知識国際業務・永住・帰化）など

企業理念

業務依頼者と共に、受託者である我が事務所が満足できていることは当然のこと、地域社会にも何らかの形で貢献できていること、すなわち、「売り手よし、買い手よし、世間よし（三方よし）」こそ、目指すべき最高の善・ゴールであると考えます。

豊富な経験と知識、100以上の資格を持つ独創の士業家

相続・遺言・家族信託、成年後見、経営コンサルティングのスペシャリスト

山下行政・労務コンサルティング
山下行政書士事務所
代表
特定社会保険労務士・特定行政書士
山下　清徳

これまで培ってきた知識や経験、そして人脈を駆使して、常にクライアントにとってのベストを考え提案します

人々の社会生活や企業活動を専門知識を活かしてサポートする士業家。全国で何十万という数の士業家が活動しているが、専門分野に特化したエキスパートを売りにしたり、あらゆる問題に対応するオールマイティーなゼネラリストをアピールするなど、それぞれが個性的かつ多様性に溢れたサービスを展開している。

場所やタイミング、縁や評判など、色々な要因が重なり、悩み困っている人から依頼を受けて仕事を行う士業家だが、とりわけ多くの人や企業から頼られ、常に指名を受け続け、依頼がひっきりなしに舞い込む士業家も一定数存在する。その一人が、山下行政・労務コンサルティング　山下行政書士事務所代表で、特定社会保険労務士・特定行政書士の山下清徳氏だ。

企業の人事労務、経営コンサルティングと個人の相続・遺言・家族信託、成年後見をサービスの柱とし、活動を続ける。事務所開設以来、クライアントからの紹介や口コミなどで次々と相談依頼を受け多忙な日々を送っている。

独立を決意し、資格取得や人脈づくりに奔走

入念な準備を経て定年退職後に独立開業

山下代表は大学卒業後、大手生命保険会社に就職し、38年間の勤務を経て平成25年3月に定年退職。同年4月に山下行政・労務コンサルティング　山下行政書士事務所を開業した。自身60歳の時だった。

「勤務時代は保険全般の仕事はもちろん、企業の労務問題や事業再生などを数多く手掛けてきま

どれだけ実績・経験を重ねても自己研鑽を怠らない山下代表（中小企業を応援する会）

した」という山下代表が独立開業を考えるようになったのは50歳を迎えた頃だという。

「会社を退職したら何か新しいことを始めたいと考えるようになりまして。大学時代に法律の勉強をしていたこともあり、士業家として活動していく決意を固めました」

ここから山下代表は、会社勤めの傍ら勉強に励み、社会保険労務士、行政書士、1級ファイナンシャルプランニング技能士の国家資格をはじめ多数の関連資格を取得した。

資格取得後、独立開業を見据えた準備として、市場マーケティングや企業経営ノウハウ、相続・遺言、人事労務分野など、自身の実務に直結するテーマのありとあらゆる交流会や勉強会に積極的に参加した。

「この時期に基本的な知識やノウハウを身につけていきましたが、加えて私の大きな財産になったのは人脈でした。企業経営者や社会保険労務士、税理士、行政書士、弁護士、司法書士など、この時に出会った各分野で活躍している方々は今でもかけがえのない存在です」

こうして、独立に向けて着々と準備を進めていた山下代表は、平成25年3月に長年勤めた会社を定年で退職すると、満を持して山下行政・労務コンサルティング　山下行政書士事務所を開業し、新たなステージで文字通り第2の人生のスタートを切った。

事務所は埼玉県さいたま市内の、JR大宮駅から歩いて10分程の交通至便の場所にある。全くゼロからのスタートだったが、一つひとつの仕事が高い評価を受けて評判が広まると同時に、紹介や口コミを通して年々仕事の依頼が増加していった。今では一つひとつの仕事のクオリティを落とさぬよう、仕事の依頼を絞って業務を行っている。

法人・個人を問わず幅広い問題に対応

会社を成長に導く経営コンサルティングサービス

山下代表は現在、特定社会保険労務士、特定行政書士をはじめ、ファイナンシャルプランナー（FP）や宅地建物取引士、貸金業務取扱主任者、メンタルヘルスマネジメントなど100以上の資格を持つが、「何ひとつ無駄な資格はありません」と、資格に裏付けられた豊富で幅広い知識を武器に、法人と個人が抱える様々な悩みや困りごとを解決している。

法人向けには会社の設立から、就業規則の作成・見直し、人材の雇用・解雇・退職、社会保険、労働保険の新規・更新手続き、ストレスチェック実施、各種助成金の申請。さらに建設業許可、宅建業免許、古物商許可等の許認可申請、会社の成長発展のためのコンサルティングなどのサービスを提供する。また個人に関しては、相続・遺言・家族信託や離婚、成年後見、各種内容証明書の作成、終活活動のコンサルティング業務などだ。

こうした様々な業務を行う中で、山下代表が現在柱としている業務が会社の顧問サポートと個人の相続・遺言・家族信託、そして成年後見の3つだ。

「顧問業務は会社を成長させる手助けを専門家の立場からさせて頂きます」と、自身の持てる知識や培ってきたノウハウを最大限駆使して人事労務分野を中心に経営全般のアドバイスを行っていく。一方

山下行政・労務コンサルティング
山下行政書士事務所

依頼を受けて様々なテーマの
講演・セミナー活動を行っている

で「成長に繋がるサポートは何でも致しますが、法に反することや不正な行為の手助けはもちろん行いませんし、経営者にもそうしたことをさせないようにしています」ときっぱり語る。これまで多くの会社の顧問を引き受け、成長をサポートしてきた山下代表だが、印象的な企業としてある美容室をあげる。

「勉強会仲間である弁護士からの紹介で顧問を引き受けることになりましたが、当時クライアントの社長は20代と若く、スタッフもわずかで本当にこれからという会社でした」

山下代表はまず就業規則を作成し、その後、スタッフを3人ずつ段階的に雇用していくことを提案。同時にキャリアアップ助成金制度の申請を提案するとともに、スタッフの休日や勤務時間など、助成金を受け取るための条件を満たしていくよう調整をはかっていった。

「社長、スタッフの頑張りで会社は年々成長曲線を描いていきました」

今では従業員が10人を超え、1つだった店舗は4店舗にまで増加し、経営は順調に推移している。山下代表は「設立当初からサポートしている会社の成長を目の当たりにできるのは、この仕事の醍醐味です」と目を細める。

「新型コロナ感染症拡大を機に持続化給付金や雇用調整助成金といった国からの助成金、補助金が有名になりましたが、企業経営をサポートする制度は様々なものがあります。これらは条件も手続きも複雑で、社長自身が行うのはかなり大変です。私たち専門家はこうした制度の提案や手続きも得意としているので、ぜひ頼って頂きたい」

実績豊富な相続対策分野

クライアントの人生を預かる成年後見サービス

山下代表は個人の相続・遺言・家族信託の問題についても得意としており、これまで多くの実績を残している。過去には5000万円と見積もられた相続税を1000万円まで減額した事例も。

「現在は生前の相続対策のご相談に乗らせて頂くことが多いですね。上記の事例のように、相続人に出来るだけ多くの財産を相続させるには、生前に財産を相続人に渡し、相続税をいかに減らすかがポイントになります」

そのために山下代表は、個々の依頼人の状況や事情に合わせて、保険への加入や家のリフォーム、会社の設立、事業のM&Aなど、最も適切と思われる手段を提案する。こうした生前の相続対策は、豊富な経験と幅広い知識が必要で、山下代表ならではの職人技といえる。

平成27年に山下代表は、相続を進めていく上でのポイントや損をしない方法などを網羅した『おもしろ・おかしく知って得する相続・遺言解決方法～初級編～』を出版した。平成31年には中級編も出版し、自身の相続ノウハウを広く発信。今も相続に関する新たな著作に取り組んでいる。

相続と並び、山下代表が業務の柱と位置付けている成年後見も最近とくに依頼が増えている。

成年後見は、認知症や障害などによって判断能力が不十分になった人の各種契約や財産の管理を代理で行う制度で、すでに判断能力が不十分になった人に裁判所が後見人を立てる法定後見と、本人に判断能力がある状態で将来に備えて本人が後見人を指名する任意後見の2種類がある。このうち山下代表は任意後見の依頼を受けることが多いという。

「一度後見人になればその方の人生を預かる立場になります。時には何千万円、何億円という財産を管理することもあり、責任も重大です。私に人生と財産を託して頂いた方の信頼と期待に応えなければいけないと思っています」

後見人になれば、財産の管理だけではなく、入院や高齢者施設への入居など身の回りの生活支援も行う。それだけに、人生の伴走者となる被後見人とは必然的に深い関係になる。

「全ての被後見人の方々には亡くなるその瞬間まで安心を感じて頂くことをお約束しています。このため今、後見人をさせて頂いている方、これから後見依頼をされる方よりも、私自身は長く生きなければなりません。したがって自分の健康管理はしっかりと行っています」と山下代表。

独立以来変わらぬ「クライアントにとってのベストを考え提案する」というスタンス

豊富な知識と経験、人脈が最大の武器

開業から8年目を迎えた山下行政・労務コンサルティングの独立以来変わらぬスタンスは「常にクライアントにとってのベストを考え提案する」というもの。

クライアントにベストな提案を行うために発揮されているのが、山下代表がこれまで培ってきた

知識や経験、そして人脈だ。

「開業以来、企業や個人から様々なご相談を頂きますが、幅広い分野の資格を取得していて良かったと思うシーンが沢山ありました。相続には不動産が絡むことが多いですが、そんな時には宅地建物取引士の資格が活かされますし、相続対策での相談ではFPの資格が役立っています」

また山下代表の専門外の分野では、すぐに対応できる専門家を紹介する。こうした当意即妙の動きができるのもこれまで培ってきた豊富な人脈があればこそなせる業だ。

「独立前から勉強してきたことや、様々な分野の方々との人脈づくりなど、自分がやってきたことは間違いではなかったんだと今振り返れば思います」

独立前から入念な準備をして、現在まで順調な事務所運営を続けている山下代表。

士業の資格を取得して事務所を開設したものの、仕事が得られず悩んでいる士業家も多くいる中で、彼の存在は士業家の中でも際立っている。平成28年に依頼を受けて出版した『中年から「稼げる士業」になる！』（めでぃあ森）では、自身の経験に基づいて、士業資格それぞれの特徴や資格取得の方法、人脈づくりやマーケティングなど、独立開業を上手く進めていくためのノウハウが網羅されている。

「士業家として独立して活動していこうと計画している方にはとくに読んで頂きたい。開業して食べていけるヒントがたくさん詰まっていますから」

受注する仕事の9割は同業や他の士業家からの紹介

勉強会には積極的に参加するなど弛まぬ自己研鑽

事務所運営のノウハウや相続・遺言に
関する書籍を出版している

日々の業務に、情報発信活動にと多忙ながらも充実した毎日を送る山下代表。今後のビジョンについては「事務所を大きくしていくつもりはありません」としたうえで「今自分が行っているサービスを身近な方々、私の目の届く範囲の方々へお届けできれば良いなと考えています」と話す。

山下行政・労務コンサルティングは今現在目立った宣伝活動はほとんど行っておらず、受注する仕事の9割は士業仲間からの紹介によるものだ。中には他では手に負えない難易度の高い依頼も「山下先生なら」ということで持ちかけられることもあるという。

「同業の士業家からも頼られる存在でありたいという想いがあるので、どんなにキャリアを重ねても勉強や情報収集は怠らないようにしています」と、今でも変わらず相続・遺言・家族信託や企業経営ノウハウなど様々なテーマの勉強会に参加し、弛まぬ自己研鑽を続ける。一方で、仕事を全うするため、健康管理も怠らない。自身の健康の秘訣は趣味のゴルフや読書、神社・仏閣巡り、落語を思う存分楽しむことだ。「ゴルフは健康にも良いですが、実はゴルフで知り合った仲間から仕事を頂けることもあります。趣味と実益を兼ねています」と笑う。

気さくな人柄をにじませる山下代表だが、真摯に依頼者に向き合い、人一倍の仕事に対する熱意を内に秘める。１００以上の資格を持つ山下代表ならではの八面六臂の活動で問題を抱える人々を力強くサポートしていく。

PROFILE

山下 清徳（やました・きよのり）

昭和 28 年生まれ。福井県出身。早稲田大学法学部卒業後、住友生命入社。平成 25 年 3 月末に定年退職後、同年 4 月山下行政・労務コンサルティング　山下行政書士事務所を開業。特定社会保険労務士、特定行政書士の他、1 級ファイナンシャルプランニング技能士、貸金業務取扱主任者、宅地建物取引士などの資格をもつ。

（所属・活動）

埼玉県行政書士会大宮支部理事。特定非営利活動法人相続協議会理事。株式会社建築構造研究所（東工大ベンチャー認定企業）監査役。一般社団法人ウエルフルジャパン（WFJ）副主査。一般社団法人スポーツによる地方創生推進会議監事。著書に『中年から「稼げる士業」になる！』（めでぃあ森）、『おもしろ・おかしく　知って得する相続・遺言解決方法』初級編、「相続のプロが教える相続法大改正後の知って得する相続･遺言解決方法」 中級編（ギャラクシーブックス）、『従業員を採用するとき読む本』（あさ出版・共著）、『小さな会社のためのマイナンバー対策』（山下行政・労務コンサルティング）など。

INFORMATION

山下行政・労務コンサルティング
山下行政書士事務所

http：//yamashitaconsulting.com/ 総合サイト

http：//www.saitama-souzoku-yuigon.com/ 相続・遺言サイト

所 在 地

〒 330-0845　さいたま市大宮区仲町 3-105 千鳥ビル 5F
TEL　048-856-9342　FAX　048-856-9304

アクセス	設　　立
JR 大宮駅から徒歩 8 分	平成 25 年 4 月

業務内容

【個人向け】
相続・遺言書・遺産分割協議書・離婚協議書作成、家族信託契約の相談、成年後見に関する相談、各種内容証明書作成、生命保険・損害保険に関するコンサル業務
【法人向け】
労働問題対応相談､就業規則新規作成･変更手続き､社会保険･労働保険の新規･更新手続き､法人（株式会社･NPO 法人･一般社団法人）設立、建設業許可、宅建業免許、古物商許可申請、経営活性化（事業再生）のコンサル業務

事務所の特徴

・38 年間の会社生活で培った豊富な経験と実績
・ベテランスタッフによる高い技術力
・時間をかけて、わかりやすく丁寧に説明

相続・成年後見・債務整理・家賃滞納の4つを業務の柱に活動

人々の悩みや困りごとを解決して笑顔とエンターテイメント溢れる日本に！

司法書士かなた法務事務所
代表　司法書士
石井　一明

依頼者の人生を左右するような立場になる責任の重い仕事だけに、丁寧かつ親身な対応を常に心がけています

新型コロナウイルス感染拡大の影響で、2020年は東京オリンピックをはじめ、地域のお祭りや花火大会、ライブコンサートといったエンターテイメント的なイベントが次々中止に追い込まれていった。時間が経って少しずつ、イベントの再開やウイズコロナの生活様式が浸透しつつあるが、それでもまだまだ重苦しい閉塞感が日本全土を覆っている。

暗い話題が多い中で、「相続や成年後見、債務整理といった自分の仕事を通して少しでも日本を明るく元気にしていきたい」と精力的な活動を行っているのが、司法書士かなた法務事務所の代表で司法書士の石井一明氏だ。

司法書士として地域の人々の悩み、困りごとの解決に精力的に取り組む石井代表は、日本の明るい未来を目指して多忙な日々を送っている。

司法書士として生活に身近な悩みを解決する石井代表のキャッチフレーズは『一緒に悩み、一緒に最善の解決方法を考える』で、「どんな小さなことでもトコトン話を聞くことを一番大切に考えています」とアピールする。

借金で苦しむ人を助ける司法書士の姿に憧れを抱く

満を持して平成29年に独立開業を果たす

石井代表は福島県出身で昭和53年生まれの43歳。大学卒業後も「やりたいことが見つからずアルバイト生活を続けていました」という石井代表は、たまたま『ルポ生活再建』という本を手にした。

どんな相談ごとでも真摯に耳を傾け
全力でアドバイスを送る

「そこには借金で苦しむ人を助ける司法書士の姿が描かれていたんです。読み進んでいくうちに心を動かされ、自分も司法書士になりたいと思いました」

そこで石井代表は予備校通いを始め、自宅での猛勉強とともに司法書士事務所でも働くなど、初志貫徹の生活を続けていく。時にくじけそうになりながらも、家族や友人に支えられながら、平成24年に念願の司法書士資格を取得。34歳になる年だった。

元々独立志向のあった石井代表だったが、資格取得後すぐには独立せず、東京都内の3つの事務所に勤務し実務経験を積み上げていった。「借金整理の仕事を中心に、登記や相続、建物明け渡し裁判など様々な経験を積ませて頂きました」

司法書士として約5年間、事務所勤務で知識や経験を蓄えて、平成29年に満を持して司法書士かなた法務事務所を立ち上げ念願の独立を果たした。

場所は東京きっての観光名所、東京都台東区雷門。東京メトロ、都営地下鉄、東武スカイツリーラインの各線「浅草駅」からすぐという交通至便な場所にある。しかし立地とは裏腹に、独立当初は相談者もほとんどなく、閑古鳥が鳴いている状態だったという。

「何のつても見込みも無く独立したため、仕事がなく、固定費で手持ちの資金だけが減っていくので不安しかなかったですね」と独立当初を振り返る。

独立して最初の依頼は親戚からのものだった。「ご褒美のような形で仕事を頂きました。ありがたかったですね」

この親戚からの依頼をきっかけに仕事も順調に舞い込み、石井代表の快進撃が始まる。依頼者からの紹介、またその依頼者からの紹介という具合に紹介で人脈が広がっていくとともに仕事の依頼も増えていった。

そのうち石井代表一人では対応するのが困難な状態となり、今では石井代表の他に司法書士1人、事務スタッフ1人の計3人と、パートナー司法書士1人の体制で業務を行っている。

「時には採算度外視で、とにかく一つひとつの仕事を丁寧に全力でこなしてきたことが今に繋がっていると思います」

相続のあらゆる問題に対してワンストップで対応

後見人となった知的障害の方から感謝の手紙

「最近はありがたいことに、ビジネスホテルに泊まらないと仕事をこなしていけないくらい忙しくなっています」と多忙な日々を過ごす石井代表。

現在、事務所では相続、成年後見、借金問題、家賃滞納といった4つの分野を柱として業務を行っている。「相続に関しては、司法書士の専門分野である登記以外の相談にも、私たちの事務所が窓口となって全てワンストップで対応しています」

例えば遺言作成や相続税、遺産分割協議、さらには相続に関わる訴訟といった問題に対しては、弁護士や税理士など連携する他士業の専門家らとともに対応している。「各分野のスペシャリストが揃っていますので、相続のことであれば丸投げして頂いてかまいません」と声高に呼びかける。

本人に代わって各種契約の代行や財産の管理を行う成年後見に関しては、ここ最近とくに相談や仕事の依頼が増えているという。「ご高齢の方からの後見依頼に加え、知的障害をもった若い方の後見依頼も多くなっています」

一度後見人になれば本人が亡くなるまで見守り、サポートしていく。とりわけ若い世代の後見は30～40歳代から始まることが多く、人生のほとんどを共に歩んで行くことになる。

「依頼者の人生を左右するような立場になる責任の重い仕事だけに、丁寧かつ親身な対応を常に心がけています」

過去には後見人となった知的障害の方から感謝の手紙を送られたこともあるという石井代表。「普段接していてそんなそぶりを見せるような方ではなかったですし、私も上手くコミュニケーションがとれているのか不安でした。しかし、こちらの気持ちが伝わっていたようでとても嬉しかったですね」

「依頼すると様々なメリットがある借金問題、早めに相談を」

家賃滞納の借主に対しては粘り強く交渉を進める

取り扱い業務の3つ目の柱である借金問題は、石井代表のこれまでのキャリアの中で最も多く手掛けてきた分野であり、百戦錬磨といえる実績をもつ。

石井代表は「借金の相談は司法書士に依頼をすると様々なメリットがあります」という。

石井代表が借金の相談を依頼されると、まず返済を数カ月間止めることができる。督促の電話や手紙も全て当人ではなく、かなた法務事務所に送達されるようになる。「督促が無くなるだけでも精神的に楽になって頂けます」

石井代表は返済を止めている数カ月の間に、債権者と返済に関する交渉を行う。この交渉次第では利息額がゼロになることもあるという。

スタッフ一丸となって
一つひとつの相談・依頼に全身全霊で対応

「債権者も全く回収できないよりは、多少金額が少なくなっても回収できた方が良いですからね。その辺りは駆け引きです」

時には中々折り合いがつかず長期戦となり、タフな交渉に発展することもあるという。しかし、これまで多くの借金問題を解決に導いてきた石井代表は、依頼人と債権者双方が納得する形の落としどころを見つけ、交渉をまとめていく。

また借金の問題に関しては時効制度が存在し、この制度を知らないまま苦しむ債務者も多いという。「5年間支払をしなければ借金がゼロになるというのが時効制度です。専門家に依頼することによるメリットや、こうした時効制度などもありますので、借金の問題で悩んでいる方はまずご相談に来て頂きたい」

最後の4つ目の柱である家賃滞納の問題は、賃料を滞納する借主に対して、賃料を大家に代わって請求する仕事となる。先ほどの借金問題とはある意味で逆の立場といえる。「貸主である大家さんは一般的にお金を持っているイメージがありますが、家賃を収入の柱としている方も大勢いらっしゃいます」

わらにもすがる思いで事務所に訪れる家主も多く、石井代表は滞納する借主に対して電話や内容証明、裁判からの強制退去といった様々な対応を取り、困っている大家を救う手立てを講じる。

「一切レスポンスの無い人も多く、簡単な仕事ではありませんが、粘り強く対応していくことが大切です」

相談は無料で。早期の相談が早期の解決に直結する

依頼者と深い関係を築けるのは司法書士の醍醐味

これまで多くの相談や依頼を受けてきた石井代表は、「不安に思う気持ちや悩むことを我慢せず、出来る限り早くに相談して欲しい。早期の相談が早期の解決に直結しますから」と訴える。

こうしたことから、今事務所では相談のみの段階においては、時間や回数に関わらず料金を全て無料にしている。さらに「事務所に相談に行ったら契約させられるのではないかと不安を抱く方もいらっしゃいます。だから私たちの事務所ではどのような相談であれ、一度持ち帰って検討して頂くことを原則としています」とも。

実際の相談段階においては、まず相手の話をとことん聞くことに徹する。「仕事の依頼に繋がろ

うが繋がるまいが関係ありません。どんな相談でも真摯に耳を傾け全力でアドバイスさせて頂きます」

相続や成年後見、借金など、かなた法務事務所で対応する分野は、依頼人にとってどれも人生のターニングポイントといえる大きな問題だ。

「依頼を受ければ、その方の個人情報や財産情報など全て赤裸々にさらけ出して頂くことになります。信頼して全てを託して下さっている訳ですから全力で応えなくてはいけません」

石井代表は、仕事を通して依頼者と深い関係を築ける点にこそ、司法書士という職業の魅力が詰まっていると話す。「大きな信頼関係の中で仕事をさせて頂ける職業は中々ありません。今では仕事が完結した後も、依頼者としてではなく、友人としてお付き合いをさせて頂いている方もたくさんいます。今度は逆に私自身の悩みを相談に乗ってもらったり、一緒に飲みに行ったりすることもあります」

子供や障害をもつ方を預かる施設を作りたい

笑顔とエンターテイメント溢れる日本を目指して

司法書士かなた法務事務所には、紹介や口コミ、ホームページなどから多くの相談が舞い込んでくる。エリアも年々広がりを見せ、今では東京都内のみならず、千葉や埼玉、神奈川、栃木、茨城、岐阜、北海道など、遠方からの相談依頼も少なくない。

石井代表を筆頭に、スタッフ一丸となって一つひとつの相談・依頼に全身全霊を注いで対応して

事務所メンバーと共に。右は新進気鋭の司法書士、見目《けんもく》　翔《しょう》司法書士

いる。事務所の運営自体も順調な歩みを見せている。こうした中で石井代表は「相続や成年後見の仕事をさせて頂く中で、ご高齢の方や障害を持たれている方のサポートというのは今後ますます必要になってくるのではと感じます」という。

「いざ相続が開始しても、家族と疎遠になっていたり、身寄りが全くいない方。また、若くして両親がいない障害をもった方などの相談が増えています。こういった方たちを人生の最後まで、しっかり手厚くサポートできる体制を事務所として確立していかなければと考えています」

さらに石井代表は「相談に来られる方の中には、障害をもったお子さんを持つご両親や、様々な法的な問題を抱えたシングルマザーの方も多くなっています。私たちの事務所で、親御さんの負担を減らし、日常生活を手助けするため、障害者の方や小さい子供を預かることができる施設を作りたいと思っています。現在その実現に向けて可能性を模索しています」という。

司法書士業務の枠を大きく超えた将来ビジョンを描く石井代表。型にはまらない柔軟な発想や、依頼人の心情や立場をとことん考える姿勢は、全てが「困っている人を助けて、笑顔とエンターテイメント溢れる日本にしていきたい」という究極的な目標のためだ。壮大な夢に向かって、石井代表は今後もオンリーワンの道を突き進んでいく。

PROFILE

石井 一明（いしい・かずあき）

昭和 53 年生まれ。福島県出身。平成 14 年明治大学法学部卒業。同 24 年司法書士資格を取得。事務所勤務を経て同 29 年司法書士かなた法務事務所を開設。建物明渡裁判１００件以上。債務整理相談件数 2000 人以上。令和 2 年 10 月より、障害者支援の NPO 法人ソーシャルワークス理事就任。

INFORMATION

司法書士かなた法務事務所

https://kanata-law.com/　総合サイト
https://souzoku.kanata-law.com/ 相続サイト
https://saimu.kanata-law.com/　債務整理サイト
https://jikou-soudan-madoguchi.com/ 時効援用サイト

所 在 地

〒 111-0034　東京都台東区雷門 2-19-17　浅草雷一ビル 3 階
（フリーダイヤル）0120-802-514
TEL　03-5830-9330　FAX　03-5830-9331

アクセス

都営浅草線　浅草駅　Ａ４出口及びＡ５出口と直結
東京メトロ銀座線　浅草駅　２番出口から徒歩１分
東武スカイツリーライン　浅草駅　正面改札出口から徒歩３分

設　　立

平成 29 年 4 月

取扱業務

相続・遺言、成年後見、債務整理、建物明渡裁判

事務所の特徴

・相談無料・費用分割ＯＫ
・２０００人以上の相談実績
・どこに住んでいてもすぐに相談できる
ご自宅のみならず、カフェやファミレス、公園のベンチなどで相談することも可能です。

司法書士の社会的存在意義を高めながら依頼者に向き合う

合気道精神と坂本龍馬の志を胸に、相続・遺言・成年後見で活躍

司法書士のぞみ総合事務所

代表司法書士

岡　信太郎

司法書士は紛争を未然に防ぎ、クライアントを守ることが使命だと考えています

総務省が令和2年9月に発表した65歳以上の高齢者人口は3、617万人に上り、総人口に占める割合は28・7%となった。超高齢化社会の到来に伴い、相続問題や認知症になった場合の財産管理など、将来に不安を抱える人が年々増加している。

なかでも相続は大きな問題で、平成30年7月に相続に関して、実に40年ぶりに民法および家事事件手続法の一部が改正された。これによって、配偶者に先立たれた高齢者の生活の保護や、相続をめぐる紛争の防止を目的とする遺言利用の促進。さらに被相続人の介護や看病に貢献した親族の金銭要求が可能になるなどが改定された。

こうした社会情勢の中で、相続および認知症による成年後見（判断能力が不十分な人の財産の保護、介護施設などの契約を保護・支援する制度）の問題などをはじめ、不動産登記や商業・法人登記、借金の解決など、多様な案件に対応しているのが福岡県北九州市に拠点を置く司法書士のぞみ総合事務所だ。

平成24年7月に代表司法書士の岡信太郎氏が開設し、「常に自分を磨き、謙虚な姿勢で依頼者に向き合う」をモットーとしている。

岡代表は合気道と坂本龍馬をこよなく愛する好漢だ。合気道の精神を活かし、かつ坂本龍馬の志の高さを理想とし、持ち前の正義感に裏打ちされた熱血司法書士として活躍する岡代表の元へ、遠方からも多くの依頼者が足を運ぶ。

ニーズが高い相続・遺言、成年後見をメインに活躍

選ばれる司法書士を目指し、自分の強みに磨きをかける

岡代表の著書

岡代表が司法書士を志したのは高校生の頃だ。当時、大学職員として働いていた彼の父が、学生のアルバイト代未払いについて相談するために、近隣の司法書士を訪問したことがきっかけで興味を持ったという。

弁護士以外にも法律相談の窓口になれる職業があることに新鮮さを感じ、司法書士の仕事の内容などを調べ始めた。この頃、簡易裁判所における訴額140万円以下の事件に限り、弁護士しか認められなかった訴訟代理権が司法書士にも認められるようになった。扱う仕事の範囲が広がったこともあって、岡代表は司法書士を目指すことになった。

やがて25歳で司法書士の資格を取得し、地元・小倉の司法書士事務所に勤務した後、司法書士のぞみ総合事務所を開設した。いまでこそ多くのクライアントを抱え、精力的にセミナー活動を行い、『済ませておきたい死後の手続き』（角川書店）、『子どもなくても老後安心読本』（朝日新聞出版）などの著書を出版するなど幅広く活躍する岡代表だが、事務所の開設当初はかなり苦労したそうだ。

「北九州で司法書士事務所を開設する人は、親が司法書士や不動産関係の仕事に就いていることが多いのです。ところが私の親はどちらとも無縁で、私はいわゆるたたき上げでゼロからの出発でした。このため最初は顧客がなかなかつかずに苦労しました」と振り返る。

その打開策として岡代表はクライアントに選ばれる司法書士になろうと様々な努力を重ねてきた。その1つが相続や遺言、成年後見に特化して深い見識と豊富な経験を活かし、特色のある司法書士事務所を目指すことになった。著書を出版することも、自分の仕事に付加価値をつけるためで、「著書を読んだというクライアントからの依頼をいただくこともありました。本が宣伝をしてくれるようなものですね」と語る。もう1つは人間力を高め、この人だから頼みたい、と思ってもらえる存在になることだという。「自分にしかできないことを突き詰めて実績を作り、周囲の人々からの信頼を高めていくというのが私のやり方です」

こう語る岡代表が相続・遺言や成年後見に力を入れる理由は、何よりこうした問題で困っている人が多く、社会的ニーズが強い分野だからだ。「社会における司法書士の存在意義を高めながら、依頼者に向き合っていきたい」と強い責任感をにじませながら岡代表は力を込める。

相続・遺言や成年後見に関する深い知識と豊富な経験

40年ぶりに相続法が改正されて手続きが柔軟に

のぞみ総合事務所には毎日のように相続・遺言や成年後見に関する相談が寄せられる。「身寄りがなく、財産の管理をする人がいなくて困っている」「遺言を残したいが、子供がいないのでどうすればいいのか」など切実な相談も多い。

相談者は高齢の親や兄弟姉妹を持つシニア層が多いが、当事者以外にも介護施設の関係者や不動産会社、行政の関係者からも問い合わせが多い。著書の影響もあって遠方からの相談も多いが、クライアントには親身になって対応したいため目下の所、北九州市内の依頼者に限っているという。

これまでさまざまな案件を担当してきた岡代表だが、特に印象に残っているのが成年後見の案件だ。認知症で寝たきりの夫を毎日のように見舞いに訪れていた妻が、ある日を境にパタリと姿を見せなくなった。医療費の支払いが滞ったため病院の調査によって、妻が孤独死していたとわかった。しかし、夫以外に親類がどこにいるかが分からず、病院関係者が困り果てて岡代表のもとを訪れた。夫婦の親類や関係者が誰でどこにいるのか、どこに財産があるのかということが全くわからず非常に難航した。

「とりあえず私が必要な手続きを全て行いましたが、お葬式のやり方はこれでよいのか、亡くなった奥さんは納得してくれるだろうか、と自問自答する毎日でした」と岡代表はしみじみと語る。少子高齢化がますます進む昨今、他人事では済まされない話だ。こうした時代背景から、国も相続法を見直し、平成30年に約40年ぶりの改正が行われた。例えば改正以前は相続人全員の同意がなければ被相続人の葬儀代が預貯金から引き出せなかったが、改正後は一定金額内なら全員の合意がなくとも引き出しが可能となった。さらに遺言についても大きく変わった。遺言書を自分で作成して法務局に預けることが可能になったのだ。

岡代表は、「改正前は公証人役場で公正証書の作成を勧めていましたが、案件によっては5万円ほど費用がかかりました。しかし自分で遺言書を作成すれば保管手数料が1件につき3、900円で済むのでかなり割安となります」と説明する。

「今までは手間や費用がかかるため、敬遠されがちだった遺言制度の手続きが柔軟になり、多くの人にとってより身近な制度になりつつあります」と岡代表は相続法の改正を評価する。

「社会の高齢化は今後さらに進んでいきます。法律も時代に即して変わっていくのは当然です。新しい制度をうまく利用して、早い段階で準備してもらえば安心して生活できます。そのためにも気軽に、私たちにお声がけいただきたいです」と笑顔で呼びかける。

法律を武器に依頼者を争いから「守る」ことがやりがい

常に依頼者と同じ目線に立ち、その言葉に耳を傾ける

司法書士として相続・遺言、成年後見をはじめ不動産や訴訟代理など多様なニーズに応える岡代表だが、自ら司法書士業務の最大の魅力を「依頼者を守ること」と考える。係争になる前に法知識を用いて、依頼者がトラブルに巻き込まれないようにフォローしていくことを基本スタンスとしている。

岡代表は「紛争が起こってしまった場合、司法書士も簡易裁判所において訴額140万円以下の事件なら訴訟代理権が認められますが、基本的には訴訟・交渉のプロである弁護士さんのフィールドです。司法書士は紛争を未然に防ぎ、クライアントを守ることが使命だと考えています」と言い切る。

司法書士としてクライアント一人ひとりに真摯に対応する岡代表には2つのモットーがある。1つは〝人間対人間として向き合い、決して偉そうにしない〟こと。「私たちの仕事は依頼者が『助けてください』、『教えてください』という切羽詰まった状態で来られることが多いのですが、こちらが詳しいのは法律と

いう限られた分野です。それだけにお互い人間同士対等にお話させていただきたいと思います」と誠実な人柄が滲み出る。もう1つのモットーは〝聞く立場に徹する〟ことだ。相談に訪れる人のなかで、自分の抱えている悩みを完全に把握して、端的に話せる人はそうそういない。また自分が抱えている不安をとにかく聞いてほしいと駆け込んでくる依頼者も少なくない。

「法律問題の解決だけでなく、依頼者の話をじっくり聞くことで、『先生にお話しして気持ちがスッキリしました』と思ってもらうことも大切です。私は依頼者の方にできるだけたくさん話をしていただくように心がけています」

あくまで依頼者の立場に立ち、依頼者の気持ちに寄り添って問題解決に真摯に取り組む姿勢を貫く岡代表を慕って、今日も多くの相談者が足を運ぶ。

平和と調和の武道・合気道の精神を活かした司法書士を目指す

相手に対する敬意と思いやりの心を育てる

司法書士の前に一人の人間として今ある岡代表を培ってきた要素の1つが、30年近く続けている合気道だ。始めたのは小学生の頃で、父親に連れられて道場を訪れたことがきっかけだという。

「父親は私に精神的な鍛練や礼儀、自分の身を守るスキルを身につけさせたかったのでしょう」と岡代表。以来一度も中断することなく稽古を続け、合気道四段の資格を得た。その後指導員となり、31歳の若さで合気道祥平塾小倉北道場代表となった。道場には少年部と一般部があり、現在お

合気道祥平塾小倉北道場の岡代表と塾生たち

よそ40人の道場生が在籍している。岡代表はそこで週2回、業務を終えた後に指導している。

合気道の稽古では、強い者が一方的に相手を投げ飛ばすことはない。技をかける側と受ける側とを交互に稽古しながら、技の向上を目指していく。岡代表は「合気道のこの稽古法が、相手に対する敬意と思いやりの心を育てることにつながっています」と話す。

岡代表は合気道と司法書士には共通点があるという。相手を倒すことより自らの身を守ることを優先し、敵と真っ向からぶつかることを避けつつ、相手の動きや力の流れと調和して制する点だ。

「私にとって、合気道は自分を磨くための道を示してくれる武道です。平和と調和の武道である合気道の精神を活かした司法書士として、これからも精進していきます」と決意を語る。

司法書士としての使命感を胸に、常に研鑽を怠らない岡代表には合気道の他にも自らの指針とするものがある。幕末の偉人・坂本龍馬の志だ。その魅力について「人間としてのスケールの大きさや先見性、ひたむきに夢を追いかけるチャレンジ精神など、全てに魅了されています」と岡代表は瞳を輝かせる。

幕末の英傑、坂本龍馬の志を受け継ぎ日々の仕事に生かす

「龍馬アワード」開催を通してビジネス創出に取り組む

多くの偉人の中でも特にファンが多い坂本龍馬には、「全国龍馬社中」という大規模なファンクラブがある。岡代表はその全国龍馬社中163番目の公認団体である「北九州龍馬会」の会長を務めている。140通にわたる龍馬の手紙を読み解き、ビジネスマンとしての龍馬の魅力に迫った著作、『坂本龍馬　志の貫き方』（カンゼン）を出版したほどの熱烈な信奉者だ。さらに龍馬のベンチャー・チャレンジ精神をビジネスに活かすべく、令和2年に「第1回北九州龍馬アワード」と冠したビジネスコンペを開催。北九州龍馬会に所属する司法書士、弁護士、税理士、行政書士などが坂本龍馬の志を受け継ぐ経営者を支援している。社会的な課題を解決する新たな事業を創出して地域経済に貢献しようというのが狙いだ。受賞者には事業資金として30万円の賞金が贈られる。

「坂本龍馬は幕末という激動期に、斬新なアイデアで新たなビジネスモデルを作り上げた先覚者です。今コロナ禍で多くのビジネスがダメージを受けていますが、危機は変革の時にこそ存在します。微力ではありますが、今の時代にこそ龍馬のようにチャレンジ精神を発揮して頑張っている人を応援したいのです」

今後の目標は、法律を通して依頼者の生活や事業を守っていくことはもちろん、合気道の精神や坂本龍馬の志を少しでも多くの人に知ってもらうこととしている。心身ともに更なる高みを目指し、クライアントと社会に貢献し続ける岡代表の姿に、龍馬に通じる不屈のチャレンジ精神を見る。

北九州龍馬会でのセミナー風景

PROFILE

岡　信太郎（おか・しんたろう）

昭和 58 年生まれ。福岡県出身。関西学院大学法学部卒業後、平成 20 年に司法書士試験に合格し、地元の司法書士事務所に勤務。同 24 年 6 月に退職後、同年 7 月司法書士のぞみ総合事務所を開業。相続・成年後見を中心に多様な依頼に対応する。

（所属・活動）

福岡県司法書士会会員。北九州龍馬会代表。合気道祥平塾小倉北道場代表。

主な著書に「子どもなくても老後安心読本」（朝日新聞出版）、「済ませておきたい死後の手続き」（KADOKAWA）、「身内が亡くなったあとの『手続』と「相続』」（三笠書房）、「坂本龍馬　志の貫き方」（カンゼン）など。

INFORMATION

司法書士のぞみ総合事務所

http：//www.shiho-nozomi.jp

所在地

〒 803-0814　北九州市小倉北区大手町 7 番 38 号
大手町ビル 203
TEL　093-562-5778　FAX　093-562-5788

アクセス

JR 小倉駅から 27 番バスで小倉北区役所前下車、徒歩 6 分
北九州モノレール旦過駅徒歩約 11 分

設　　立

平成 24 年 7 月

業務内容

成年後見、相続・遺言、不動産登記、調停・訴訟、債務整理、セミナー講師・会社関係

事実婚・内縁の妻の遺族年金申請のスペシャリスト

「あなたに遺族年金を届ける」をコンセプトに全国サポート

アルテユース社会保険労務士事務所
全国遺族年金相談センター
代表　社会保険労務士
三浦　康紀

遺族年金に特化した社労士事務所として、遺族年金の恩恵を受けるべき方にきちんと受け取って貰えるサポートをしていきたい

公的年金の一つに遺族年金というものがある。夫または妻が亡くなった後に遺された配偶者や子どもの生活を支えてくれる年金で、年金事務所に申請して認められれば年金を受け取ることができる。戸籍上の夫婦であり、生活もともにしてきた「普通の夫婦」であれば、何の問題もなく申請をして年金を受け取ることができるが、そうでない場合、例えば籍は入っていないが事実上は夫婦であった内縁関係、離婚後の内縁関係、戸籍上の配偶者がいる場合の重婚的内縁関係などであれば一筋縄ではいかない。

こうした場合の遺族年金請求を本人に代わって行う遺族年金のスペシャリストが、大分市のアルテユース社会保険労務士事務所の代表で社会保険労務士の三浦康紀氏だ。これまで全国を対応エリアとして、3000件を超える遺族年金の相談に応じるなど、百戦錬磨の豊富な実績をもつ。

三浦代表は「内縁の妻は相続を受ける権利がなく、唯一、支給される可能性があるのが遺族年金です。遺すことになる妻への故人の想いを汲み取り遺された妻のその後の人生を遺族年金で支えることが私の生涯をかけた使命です」と力を込める。

平成21年に遺族年金専門の事務所としてスタート

全国を対象に遺族年金一本で取り組んでいく事を決意

大学の頃から独立志向が強かった三浦代表は「法律を通して人の役に立ちたい」と、行政書士と社会保険労務士の資格を目指した。大学在学中に行政書士の資格を取得した後、大阪の合同法務事務所に約2年間勤務し、実務経験を積み上げた。この間に社会保険労務士の資格も取

自身の出身地である大分にオフィスを構えている

得し、平成20年に満を持して独立。自身の事務所を立ち上げた。

「独立当初は遺族年金には対応しておらず、著作権を専門に扱う事務所でした」と当時を振り返る。事務所の方向転換のきっかけとなったのは、総務省の年金記録確認第三者委員会、年金調査員への参加だった。

「当時話題となった〝消えた年金〟調査の仕事をさせて頂くこととなり、本来貰えるはずの人が年金を貰えていない実態を知り、年金の仕事に興味を持ちました」

当時、年金調査の仕事を担いつつ、年金相談業務も開始した三浦代表は、この時偶然に一人の女性から遺族年金の相談を受けた。「籍が入っていない方の遺族年金請求の難しさや、相続が受けられずに生活に困っている人がいることを実感しました」

この相談をきっかけとして、事務所での専門業務も年金。それも遺族年金1本で取り組んでいくことを決意。こうして平成21年9月に事務所名を行政書士事務所から社会保険労務士事務所に変更して新たなスタートを切った。

遺族年金を専門に業務を始めて10年以上が経過した今では、評判が評判を呼び、地域を問わず全国から依頼が舞い込むようになるなど、多忙な日々を送っている。「遺族年金の申請で悩んでいる人が世の中には大勢いるということを実感する10年でもありました」と三浦代表。

三浦代表が遺族年金で対応するのは特殊な夫婦案件

年金受給のポイントは申立書と内縁関係の証拠資料

三浦代表が遺族年金で対応しているのは特殊な夫婦案件。多いのは同居あるいは別居している内縁関係や離婚関係、あるいは重婚的内縁関係で、女性からの相談が圧倒的に多いという。

「ご自身で年金事務所に相談に行って『あなたのケースでは受給は難しい』と言われた後に、弊所に来られるケースが多いですね」と三浦代表。内縁関係の場合、遺族年金を受け取るハードルは高いという。その問題点はどんなところにあるのだろうか。

「書類審査が全てとなるので、年金事務所の担当者に書類上で内縁関係にあったことを認めてもらうことが最終目標になります。用意する書類は遺族年金申立書と内縁関係であったことを証明する証拠資料です。困難なのは内縁関係を証明する資料提出の部分。受給が認められずに終わるのは、多くの場合証拠資料が不十分であることが原因になります」

内縁であったことの証明となる資料は、例えば葬儀の喪主を務めたことが確認できる資料や、賃貸契約書、連名の郵便物などがあげられる。

「籍が入っていなくても遺族年金がもらえる場合があることを知らずにこういった証拠資料を処分してしまう方も少なくありません。証拠資料は多ければ多いほど認められやすくなるので、残しておくことをお勧めします」

一方で、遺族年金の受給が認められるかどうかの基準は存在するものの、明確な基準というものは実は存在せず、最終的な合否は各年金事務所でジャッジを務める担当者に委ねられる。こうした背景から、受給を勝ち取る上で、三浦代表の経験が大きな武器になる。

「これまで色んなケースの遺族年金申請を手掛けてきましたから、ある程度この資料であればいける、あるいは難しいといった見通しを立てることができます。こうした引き出しの多さは自分の強みでもあるので、お困りの方は是非お任せください」

今では遺族年金相談の駆け込み寺的存在に

多数寄せられる遺族年金受給者からの喜びの声

三浦代表のもとへ相談が寄せられる経緯として、年金事務所で断られた後に加え、弁護士や社会保険労務士など士業の専門家から断られた後といったケースも多い。これは遺族年金の実態を把握した専門家が少ないことが大きな理由で、アルテユース社会保険労務士事務所は今や遺族年金受給の駆け込み寺のような存在となっている。

遺族年金は基本的に、受給が決まれば本人が死ぬまでお金を受け取ることができる。それだけに依頼人は切実な想いで相談に訪れる。

加えて三浦代表は「お金のことだけではありません。今後の生活への不安とともに、一緒に生活していたパートナーがいなくなったことに対する悲しみも皆さんお持ちです。精神的に参っている相談者に対する心のケアも私が大切にしている部分です」と、クライアントに安心を感じてもらおうと、親身な対応や進捗状況を逐一報告するといった配慮を忘れない。

これまで多くの人の遺族年金受給を勝ち取ってきた三浦代表。彼のもとには『私は関東在住で三浦先生は大分でしたが、遠方であることを忘れるくらい先生が近くに感じて頼もしかった。申立書や準備書類も全てサポート頂き、無事に受給できて感謝しています』（内縁関係にあった夫に先立たれた妻）や、『地元の社会保険労務士事務所から断られ、不安な中で相談に伺ったが、電話で話をしていくうちに不安は無くなり希望をもつことができた。年金証書が届いた時は信じられない気持ちで嬉しかった。三浦先生と出会えたことは本当に幸運でした』（夫と10年前に離婚していた元妻）などといった、受給者から喜びの声も多数寄せられる。

「年金証書が実際にクライアントの元に届いたということは、夫婦関係が認められたということです。その報告を頂けた時はこの仕事をしていて一番やりがいを感じる瞬間ですね」

住民票の住所が別々のケースは受給のハードルが高い

ありとあらゆる資料を用いて生計同一関係の証明が必要

これまで様々なケースの遺族年金申請を手掛けてきた三浦代表だが、今でも受給の決定が出るまで気は休まらないという。

「当初の思惑通りに進むケースが多いのですが、ちょっと難しいのではないかと思われた申請が認められるケースもありますし、逆に手応えのある申請が認められないケースも過去にはいくつかありました」

こう話す三浦代表は、遺族年金の受給決定がスムーズにいかないケースで一番多いのが、住民票の住所が別々のケースだという。

「これまで、住所別に関する何百件もの案件の相談を受けましたが、住民票の住所が別々ということは、本当に同居していたのか？　生計は別々であったのではないか？　単なる付き合いではないのか？　と、年金事務所から思われる状況になるので、生計を同じくしていたことを書類で証明する必要があります。連名の郵便物や、同居住所宛の郵便物、賃貸契約書、自治会名簿、水道光熱費の領収書や生活費の受け渡しが確認できる通帳の写し、第三者の方の証言等、個々のケースによって収集できる資料が異なってきますが、ありとあらゆる書類を駆使し、証明していく必要があります。また、住所別の案件は年金事務所ごとで判断が分かれやすい傾向があるので本当に要注意です」と振り返る。

中には、依頼人が他の社会保険労務士のサポートを受けて、年金事務所に遺族年金の申請をしたが不支給となり、その後、三浦代表に審査請求を依頼したケースでは、年金事務所の申請時には、まさか必要とは思っておらず提出していなかった有効な資料を見つけ出し審査請求を行い、見事、遺族年金の不支給決定が取消され、遺族年金をクライアントに届けることができたケースもある。

一度依頼を受ければ全力でクライアントをサポートする三浦代表だが、一つ大切にしているのは〝倫理観〟だ。「内縁の妻であるという事実は絶対に確認します。内縁の妻で、夫婦関係を証明する資料が乏しいという場合は、まさに私の腕の見せ所といえます」と力を込める。

「遺族年金を受けるべき方に受け取って貰えるサポートを」

電話相談無料や着手金０円・完全成功報酬を導入

遺族年金を専門に業務を始めておよそ10年。「夫婦の色んな関係を垣間見させて頂けるのはこの仕事の醍醐味です」としみじみ語る三浦代表。今後のビジョンを伺うと「今の取り組みを今後も続けていくだけです」とキッパリ。

遺族年金のサポートとともに相談者の心のケアも大切にする

「色んな経験を積めば積むほど私の仕事の精度は上がっていくと思いますので、これからも遺族年金に特化した社労士事務所として、遺族年金の恩恵を受けるべき方にきちんと受け取って貰えるサポートをしていきたい。いずれは日本一の遺族年金社労士と呼ばれる存在になりたいですね」

こう力強く話す三浦代表は「遺族年金の請求はできる限り早くに行った方が良い」と声高に呼びかける。

「夫が亡くなってから何年か経てば請求できなくなるということはありませんが、遡って請求できるのは5年までですし、問題となるのは証拠資料です。証拠となる大切な資料を遺品整理で捨ててしまったり、年月が経って処分してしまったということになるからです。夫の親族が家に来て全て持ち去られたというケースも

気軽に利用してもらおうと電話相談料は一律無料にしている

ありました」

このため三浦代表は情報発信にも力を入れており、ホームページやブログに加え、近年ではユーチューブを通して遺族年金の制度や仕組みについての情報を発信している。

また気軽に相談して遺族年金を受給してもらおうと、電話相談料を一律無料にし、着手金0円の完全成功報酬型の料金体系としている。

「遺族年金の支給額は、夫の公的年金の納付状況にもよりますが、年間100~200万円といった高額な金額を得られる場合があります。遺族年金の支給額が有るのと無いのとではその後の生活に大きな影響が出てきます。従って内縁の奥様には、『籍が入っていないから…』とか、『年金事務所や社会保険労務士から断られた…』と諦めずに私の事務所へ相談に来てください。納得のいくまでとことんサポートをさせて頂きます」

「為せば成る為さねば成らぬ何事も」を人生のモットーとする三浦代表。遺族年金申請の最後の砦として、クライアントに成り代わり、これからも前例のない申請にもどんどんチャレンジしていく。

PROFILE

三浦　康紀（みうら・やすのり）

昭和 57 年生まれ。大分市出身。平成 17 年 3 月桃山学院大学社会学部卒業。同年 4 月大阪の合同法務事務所入社。平成 20 年 3 月　アルテユース行政書士事務所を設立。同 21 年 9 月　アルテユース社会保険労務士事務所を設立
社会保険労務士。行政書士。モットーは“為せば成る為さねば成らぬ何事も”。

INFORMATION

アルテユース社会保険労務士事務所
全国遺族年金相談センター

URL　https：//www.nenkin-izoku.com/

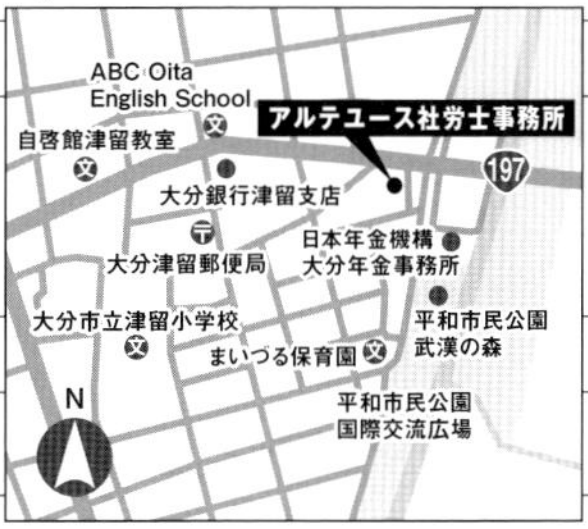

所在地

〒 870-0934　大分県大分市東津留 2-10-11
ユナイテッド津留ビル 4F
TEL　0120-994-915　FAX　050-3737-1322

アクセス

JR 日豊本線「牧駅」徒歩 11 分

設　　立

平成 21 年 9 月

業務内容

・事実婚、内縁の妻の申請をサポート
・遺族年金代行サービス

当事務所の特徴

遺族年金専門の社会保険労務士、「完全成功報酬制」の安心の料金体系、年間相談実績「年間 581 件（令和元年実績）」、47 都道府県「全国対応」、土日祝・夜間にも対応

必要な人に必要な支援を！障害年金に特化した頼れる社労士事務所

申請実績500件以上を誇る障害年金のスペシャリスト

堺社労士事務所
堺障害年金相談センター

代表　社会保険労務士
阪本　晋亮

病気と闘いながら働くことができず、経済的にも精神的にも追い詰められている人の力になりたい一心で、障害年金の仕事を続けています

障害年金を専門とした堺社労士事務所の阪本晋亮代表は、500件以上の障害年金申請サポートの実績を持つなど、障害年金のエキスパートとして定評がある社会保険労務士だ。豊富な経験と長年培ってきたノウハウ、知見を生かして相談者に最適なアドバイスを行う。

障害年金というのは、病気や事故が原因で精神または身体に一定以上の障害が残り、生活や仕事に支障が出た場合に給付される制度だ。65歳から支給される老齢年金とは異なり、原則として20歳以上から65歳未満の人が対象となる。同制度は、障害者のための特別な手当てと思われがちだが、障害者手帳を所持している人や、介助を伴う症状の人のためだけの制度ではない。

例えば、人工関節などの体内異物（人工物）が体に入っている場合、障害厚生年金の等級では原則として3級と認定される。人工関節手術を受けたが、仕事や日常生活の面でとくに手術前と変わることなく過ごしていても、年間最低58万6、300円の障害年金を受け取ることができるのだ。

障害年金を受給するには、初診日に国民年金か、厚生年金、（共済年金）に加入して保険料を一定期間支払っていることが条件になる。またどの年金制度に加入していたかによって、支給額が変わってくる。障害年金の種類は二種類あり、国民年金の加入者は『障害基礎年金』を、厚生年金や（共済年金）の加入者は『障害基礎年金』に加えて『障害厚生年金』を請求することができる。『障害基礎年金』は状態の重い1級と2級に該当する場合支給されるが、人工関節手術は3級に該当する障害の状態にあたるので、受給できない。しかし『障害厚生年金』は比較的状態の軽い4級相当の症状まで支給の対象が広がる。

堺社労士事務所
堺障害年金相談センター

地域ナンバーワンのサービスを提供する堺社労士事務所

「手続きが複雑な障害年金申請は専門家を頼って欲しい」

堺社労士事務所は現在、堺・南大阪を中心とした大阪府下全域に障害年金に関する幅広いサポートを行っている。障害年金の申請を専門とし、開業以来積み重ねてきた豊富な経験を活かし、地域ナンバーワンのサービスを提供して高い評価を得ている。また、同業の社会保険労務士や他の士業の専門家と障害年金の全国ネットワークグループを形成して連携を図っていることから、クライアントの多様な要望に対応でき、ワンストップの最適なサービスを提供できる体制を整えている。

「相談者へ最大限のお手伝いができるように精一杯取り組んでいます。具体的な障害年金に関する悩みがあれば、気軽に問い合わせて頂きたい」

障害年金の申請は原則書類のみの審査だが、審査で最も重要なのが『医師の診断書』だ。眼の障害用、精神の障害用、循環器疾患の障害用など、全部で8種類あり、視覚、聴覚、手足の不自由だけでなく、ガンや高血圧、糖尿病による合併症や心疾患、うつや統合失調症といった精神疾患など、数多くの病気やケガが対象とされている。とりわけガンが障害年金の対象となっていることを知っている人は少なく、ドクターの中でもあまり知られていない。

「主治医が記載方法を正確に認識していない場合や、医師が激務なあまり通り一遍な内容しか記載されていない診断書では認定を受けるのが難しい。ガンだからといって、請求すれば誰でも受給できるというものではなく、しっかりとした書類を作って認定基準をクリアする必要があるのです」

さらに、患者本人からも詳しく自分の症状を医師に伝えて診断書に反映させることも重要となるが、限られた診察時間の中、傷病で辛い思いをしている患者がきっちり症状を伝えることも実際は困難だ。

「我々専門家であれば、患者さんに受給のためのポイントを分かりやすく説明し、的確なアドバイスを行いしっかりサポートすることができます」と阪本代表。

障害年金申請 500 件以上で高い評価を得ている

「障害年金の申請に不可欠な医師の診断書ですが、請求せずに何年も過ぎてしまうと担当医師の変更や病院・クリニック自体が無くなるなどして診断書を書いてもらえないケースもありますので注意が必要です」

さらに阪本代表は、「医師の診断書は一つに限定する必要はありません」とも。例えば脳梗塞で、手足にマヒがおこり、失明し、言語障害を発した場合の診断書については、「この場合は上記三つの症状の診断書の申請ができます。ただ、診断書が増えると時間や手間がかかる上、費用もかさむので、それぞれの状態が認定基準を満たしている場合は、二つの診断書に絞ることをお勧めしています」という。

「例えば手足のマヒと失明で何れも障害二級に該当する症状の場合、二つ合わせて一級の等級で

「障害年金申請で大変な思いをする前に我々専門家を頼って欲しい」と阪本代表

受給することができます。一方で注意頂きたいのが、併用したから必ず等級が上がるとは限らないという点です。多くの疾病や疾患を申請しても、全ての症状が重症とは認められず、全く支給されずに終わるケースもあります。逆に一つの申請だけでも、重症であれば一級の等級で認定がもらえることもあります」と、障害年金の認定における複雑な仕組みを語る。

阪本代表は、「申請において大変な思い、面倒な思いをする前に、まずプロフェッショナルである我々専門家へご相談ください」と声高に呼びかける。

印象に残る「慢性疲労症候群」患者の申請ケース

精神疾患の申請は患者本人が忠実に症状を伝えることが重要

これまで多くの障害年金に携わってきた阪本代表だが、中でも一番印象に残っているのが、難病である『慢性疲労症候群』の患者のケースだ。この病気は昭和63年に厚生労働省で診断基準を設定した比較的新しい病気である。症状は慢性疲労とは違い、休養や睡眠をとってもなかなか回復せず、原因不明の激しい全身倦怠感に始まり、強度の疲労感と共に、頭痛や筋肉通、思考力の障害、仰うつ等の精神神経症状などが長期にわたって続く。そのため社会生活を健全に送ることが困難な病気だ。健康な人でもある日突然に症状が出ることもあるという。この病を発症した女性のクライアントは、当初なぜかすごく疲れて、活動すると何日か寝込んでしまうことが多く、最終的には寝たきり状態に。20カ所もの病院で診察を受けても原因がわからなかったという。障害年金の申請に当たっては、阪本代表がクライアントの代行を務めてサポートし、無事に受給が可能となった。

「申請作業でまず困難だったのが最初に受診した病院の特定でした。最終的には突き止めることができましたが、20件もの病院を特定するのは並み大抵ではありません」

また「慢性疲労症候群」の症状の説明にも苦慮したという。「慢性疲労症候群」に限らず、精神疾患の多くは、血液検査を含む全身の検査（ホルモンの異常、内臓や脳、神経系の検査など）を行っても異常がわからず、証明が難しい。このため、本人が忠実に自分の症状を伝えなければならない。こうしたことから、精神疾患に関係する病状を正しく申請をするのは非常にハードルが高い作業となる。

心がけるのは相談者に寄り添う姿勢
「経済的、精神的に追い詰められて不安に苛まれている人の力になりたい」

阪本代表が常日頃から心掛けているのは、「相談者に寄り添う」ことだ。心理学の資格でNLPプラクティショナーや、LABプロファイル プラクティショナーの有資格者でもある阪本代表は、相談件数の6割を占める精神障害に関しても、プロの目線から入念なアドバイスを行うことができる。クライアントの気持ちを一番に考え、常に心を気遣いながらの対応に、障害年金の活動を始めて以来相談者から感謝と称賛の声が多く寄せられている。

堺社労士事務所
堺障害年金相談センター

阪本代表は、悩めるクライアントに寄り添って言葉掛けをすることで不安な気持ちを取り除き、信頼関係の構築に努める。

「日々病気と闘いながら、働くことができず気持ちが沈みがちの人。経済的にも精神的にも追い詰められて不安に苛まれている人の力になりたい一心で、障害年金の仕事を続けています」

こうした想いから、阪本代表は社会保険労務士の中でも実務が複雑で、医療に関する幅広い知識を求められるなど、高難度な知識とノウハウが不可欠な障害年金のエキスパートを目指したのだ。

「病に悩む社会的弱者の力になりたいという気持ちは、意識した訳ではなく自然に湧いた自分の率直な気持ちでした。私の名前の『晋亮《しんすけ》』というのは祖父が名付けてくれたのですが、『人を助ける』という意味があるそうです」と、自身の名前通りの活躍をここまでずっと続けている。

そんな阪本代表が、障害年金の仕事をしていて一番嬉しい瞬間というのが、「障害年金の受給をきっかけに、クライアントが無事社会復帰された時です」という。

「世の中お金が全てではありませんが、障害年金の給付を受ける事で気持ちに少し余裕が出て、『頑張るぞ』と前向きになってもらえます。働けないことに焦りを感じている人も、少しは気持ちが穏やかになり、ものごとを前向きに考えるきっかけになるのです」

「1人でも多くの人に障害年金の制度を知ってもらいたい。そして長引く傷病に苦しみ、家族のために働けずに困っている人の力になっていければ」と前を見据える。

平成27年の改正で障害年金の受給要件が実質的に緩和

「無料相談会や弊所HPから受給要件に当てはまるかぜひ確認を」

障害年金の請求では、受給要件を満たしているか確認するために、初診日を明らかにすることができる書類（診断書等の医療機関の証明）の添付が必要だが、法改正で平成27年10月1日からは、初診日を証明する書類が添付できない場合であっても、初診日を合理的に推定できるような一定の書類により、本人が申し立てた日を初診日と認めることができるようになった。

これにより、障害年金の受給要件が実質緩和されたわけで、カルテがなくても（医師法上のカルテの保存期間は5年）初診日認定ができるようになった。

「この改正によって、以前申請して不支給だった人にチャンスが訪れました。しかしこの制度変更を知っている人は少なく、一度不支給になった人は大抵あきらめていますが、ぜひ再度トライしてもらいたい。手続きをしない限り障害年金は受け取れませんから」

クライアントの気持ちを一番に考えた対応を常に心がける

阪本代表は、「弊所が運営する堺障害年金相談センターのホームページにある無料受給判定を利用して、受給対象に当てはまるか確認してほしい」とアピールする。

「無料相談会も実施しているので、まずは相談に来てください。それが年金受給の第一歩です」

障害年金の申請書類の作成には、かなりの実務経験とテクニックが求められる。経験豊富な阪本代表の、「マニュアルはなく毎回ケースバイケースで自身の知識を駆使しています」という言葉にその難解さがうかがえる。

「受給申請で終わりではなく社会復帰までのトータルサポートを」

全国展開してより多くの人に速やかに適切な支援を

堺社労士事務所では、障害年金の申請サポート以外にも障害者手帳や自立支援、社会的セーフティーネットなど、相談者の助けとなる様々な制度の申請サポートも行っている。

「今後は事務所として一元化したサービスを提供していきます。今は障害年金に特化していますが、障害手帳の交付手続きなど福祉サービス全般と、社会復帰や自立までをワンストップでサポートできるような体制を整えていきたい。対応エリアも、今は大阪南部が中心ですが、これを全国にも拡げていきたい。そのために、スタッフの育成にも力を注がなければと考えています」とビジョンを語る。

「今後も一人でも多くの支援を必要としている人に、速やかに適切なサポートを行い、相談者に一日も早く社会復帰して頂くことが私の願いです」

障害年金受給者の多くは、自分の体調や職場環境、きちんと仕事を続けていけるのかなど、社会復帰への不安が多い。普通は無事にクライアントが障害年金を受給すれば社会保険労務士の仕事は終了する。それ以上関わる事はない。しかし阪本代表は、「障害年金の認定後も前向きに安心して社会復帰ができるように、障害者雇用に関することも手掛けていきたい」と話す。

障害年金の決着がついてもしっかりと社会復帰を果たすまでは、クライアントの日々のチャレンジは続く。

「そのあとの人生、社会との関わりについても視野に入れた、よきアドバイザー、よきサポーターでありたい」という言葉に、困った人の力になりたいという阪本代表の心情がほとばしる。

PROFILE

阪本 晋亮（さかもと・しんすけ）

昭和 49 年大阪府生まれ。大阪学院大学卒業後、大阪市開発公社に入社し、不動産事業や駐車場事業における人事・労務部門に携わる。会社員時代に適応障害を患い休職。休職期間中、健康保険から傷病手当金が支給され、国のセーフティーネットによって救われたことを知る。1 年間の休職の後、社会復帰し、病気や障害で不安に感じているに人々に少しでもお役に立とうと社会保険労務士の資格を取得するとともに、心理学の一つである NLP（神経言語プログラミング）を学ぶ。自身の経験から障害年金に特化した社会保険労務士事務所を堺市に開業。

（所属・活動）

大阪府社会保険労務士会。NLP プラクティショナー。LAB プロファイル プラクティショナー。

INFORMATION

堺社労士事務所
堺障害年金相談センター

https：//sakai-shogainenkin.com/

所 在 地

〒 590-0079　大阪府堺市堺区新町 5-32 新町ビル 505 号
TEL　072-245-9675　FAX　072-245-9612

アクセス

南海電鉄高野線 堺東駅西口より徒歩 5 分

設　　立

平成 27 年 8 月

主な業務内容

障害年金の相談・アドバイス・代行申請、厚生年金・国民年金など公的年金に関する相談や手続代理

「人」を人件費から資産へ

企業の「人」に関わる
全てのサポートを専門的に行う
人事のスペシャリスト

真田直和社会保険労務士事務所
代表　特定社会保険労務士
真田　直和

会社の中でルールをしっかり決めておけば、従業員からの要求にもスムーズに対応できますし、争いごとに発展することもありません

経営の神様といわれた松下電機産業（現パナソニック）の創業者である松下幸之助は、「企業は人なり」という言葉を残している。企業の浮沈はそこで働く人にかかっており、企業経営において、従業員の働きがどれだけ大切かを表した言葉だ。

技術やテクノロジーが発達した今でも、「企業は人なり」は不変で、どの企業も優秀な人材の確保・育成に腐心している。

こうした中で企業における「人」に関わる全てのサポートを専門的に行う人事のスペシャリストとして今注目を集めているのが、真田直和社会保険労務士事務所の真田直和氏だ。

豊富な知識と長年の経験を活かした的確な人事アドバイスで、多くの企業の成長・発展に貢献。自身の生み出した人事サポートのノウハウを後輩に伝授する活動にも力を入れており、現在多忙な毎日を送っている。

「人」に関わるトラブルを4万件以上解決

100件以上の人事評価制度のコンサルティング実績

真田直和社会保険労務士事務所の開業は2017年10月。それまで真田氏は、業界最大手の労働保険事務組合の理事長や、大手社会保険労務士法人の代表としてキャリアを積み上げてきた。

「社労士法人勤務時代は、主に人材採用や教育、人事制度の構築や人事トラブルの対応に力を注いできました」という真田氏。これまでのキャリアの中で、約1万5000人規模の大手から、3

現場仕事にこだわり独立の道を選んだ真田氏

人の中小企業まで、規模や業種を問わず１００件以上の人事評価制度のコンサルティングを行い、中小企業に潜む解雇、残業、労働時間など「人」に関するトラブルを４万件以上解決。さらに企業の就業規則などの諸規定を１０００件以上作成と、人事に関わるありとあらゆるケースやトラブルに対応。労務・人事の舞台でまさに百戦錬磨の活動を通して膨大な実績を重ねてきた。

社労士法人の代表となった真田氏は、およそ２５０人の部下を束ねて獅子奮迅の活躍をしていた。しかしその活躍の舞台を捨てて独立開業の道を歩むことになる。

その動機を真田氏はこう語る。「私がそもそも社会保険労務士になろうと思ったのは、自分のスキルを活かして人の役に立てるような仕事がしたかったからです。社労士法人の代表としての仕事は、部下の仕事の管理など、社内にベクトルが向いたものばかりでした。私は、お客様と直接会って自分の管理下で全てをサポートできるような、現場仕事がやりたかったので独立の道を選びました」

独立後は真田氏１人で事務所を切り盛りする体制に。「独立から3年以上経ちましたが、自由に動き回って全くストレスはありません。クライアントの方々とも親しくお付き合いさせて頂き、日々楽しく仕事をしています」と充実した面持ちで語る。

全ての顧問先に対して真田氏自らが対応

トラブルの未然防止に向け予防的なアドバイスも実施

今、真田氏は大阪市内の中小企業を中心に数多くの顧問先を抱えている。製造業からサービス業、ＩＴなど、実に幅広い分野にわたる。

全ての顧問先に真田氏自ら定期的に訪問し、経営者と打ち合わせを行う。その際に真田氏が徹底して行っていることがある。それは〝経営者の話をひたすら聞く〟ということだ。

「こちらから具体的な質問をするのではなく、会社全体の状況を事細かにお話して頂きます。その中から、人事労務、税務、マーケティングと頭の中で仕分して、私の専門分野は私が直接アドバイスや対応、提案をさせて頂きます。専門外の事案であれば、連携する他士業の先生をご紹介させて頂いています」

人事労務に関わる問題としては、従業員からの不当解雇や不当な配置転換、残業代、パワハラ、人事評価に関する訴えや勤怠不良の従業員への対応といったものが多い。こうした問題への対応策を経営者に提案し、それぞれの企業にとってベストな方法を実行に移していく。さらにトラブルを未然に防ぐための予防的なアドバイスも実施している。

「今は何かトラブルが起こった後に相談を受けるケースが多いですが、理想を言えばことが起こる前段階で相談していただければと思います。病気もそうですが、早めに対応すれば深刻な状況に陥りにくくなります。これは人事トラブルも同じです」

こう話す真田氏は、そもそも人事に関するトラブルが発生するのは、ほとんどの場合ルールや制度がきちんと定められておらず、あいまいな状態であるためだという。

「会社の中で取り決め、ルールをしっかり決めておけば、従業員からの要求にもスムーズに対応できますし、争いごとに発展することもありません」

こうしたことから真田氏は企業に対し、就業規則の作成や人事評価制度の構築を積極的に勧めている。

「人事評価に関しては、明確さと透明さが大事です。例えば相撲の世界では、大関に昇進するには三場所連続で三役（関脇・小結）の地位にあり、そこで通算33勝以上が一般的な目安とされています。また横綱の昇進条件は、〝大関の地位で2場所連続優勝、またはそれに準ずる成績をあげた力士〟といったものがあります」

いずれも明文化されてはいないが目安や慣習によって世論のコンセンサスが得られている。

真田氏はこうした大相撲の例を引き合いにして、「会社でも昇進条件や給与体系など従業員の処遇を納得のいく形で詳細に定めて、それをオープンにしておけば良いのです」と話す。

就業規則に関しても同様で、残業の扱いなどトラブルが発生する事態を想定して、予め社内ルールをしっかり決めておくことが重要だという。

「現在のようなコロナ禍の状況であれば、例えば通勤時のコロナ感染というリスクに対する危険手当の有無や、自宅でテレワークを行う上でのルールなどを決めておくことで後々のトラブルを防ぐことができます」

経営者に寄り添って会社の人事労務をサポート

働きやすさやモチベーションを考慮した職場環境づくり

これまでのキャリアの中で、数多くの企業の就業規則や評価制度を構築してきた真田氏だが、「どれ一つとして同じものはありません。１００の企業があれば１００通りの規則や評価制度があります」という。「ルールの中身は会社のスタンスや経営者の想いなどで違ってきますから。私は経営者の想いを汲み取りながら、従業員が気持ちよく働けるルール作りを常に目指しています」

真田氏は企業の顧問として、経営者を支える参謀として、経営者に寄り添って会社の人事労務面をサポートしている。しかしこのようなポジションだからといって、従業員を軽視することはもちろんない。

常に経営者に寄り添って会社の人事労務をサポート

むしろ、従業員（人）の重要性を経営者に説くことが多い。「会社が成長していくか否かの大きな鍵を握っているのはそこで働く従業員です。例えば設備機械への投資であれば、予想を超える生産性を上げることはできませんが、従業員はモチベーション次第で予想を遥かに超える成果を上げる可能性を秘めています。人材の雇用を他の設備投資と一緒くたにしてはいけません。経営者は従業員の人生の半分を背負うことにもなりますし、働きやすさやモチベーションを考慮した職場環境を整えることも経営者の大事な役割です」

時には従業員からの意見を真田氏が吸い上げて経営者に投げかけるなど、経営者と従業員の橋渡し的な役割もこなしている。

「人の持つ可能性や重要性を経営者の方々にもっともっとお伝えしていければと思います」と真田氏は熱く語る。

求人活動では『この会社で働きたい!』という動機づけが大切

働く従業員のことを考えれば会社は良い方向に向かう

近年では、どこの業界でも人手不足に悩んでいる。真田氏の抱える顧問先企業も例外ではなく、人材募集に関わる相談が多く舞い込んでくる。

「求人票の中身を一緒に作らせて頂くことも多いのですが、ある経営者に求人の際の会社のアピールポイントを聞くと、『創業○○年の老舗』、『○○認定取得』といった答えが返ってくることがありました。こうしたPRも大事ですが、求職者が『ここの会社で働きたい!』と思う動機づけとしては弱いのです」

そこで真田氏は、その会社で長く働いている従業員に会社のアピールポイントを聞いた。すると『交通至便』、『託児所が近い』、『有休が取りやすい』、『残業が少ない』といった答えが返ってきた。

「経営者と従業員のどちらのアピールポイントが応募に期待できるかといえば、間違いなく従業員の意見です。こうしたケースに直面するたびに、経営者と従業員の目線が違うのだということを実感させられます」

真田氏はもっと経営者にも従業員の気持ちを汲み取って欲しいと訴える。「例えば自社で新たな商品やサービスを生み出す時にはそれを使うユーザーのことを考えますよね。それと一緒です。働く従業員のことをもっと考えてあげれば会社は間違いなく良い方向に向かいます」

真田氏のもつ豊富な知識やノウハウを提供する「真田式社労士塾」

社会保険労務士は「町のかかりつけ医」のような存在へ

独立から3年以上が経過し、顧問先も順調に伸ばして企業経営者を力強く支えている真田氏。こうした社会保険労務士としての業務の傍ら、現在力を入れて取り組んでいるのが、『真田式社労士塾』という同業の社会保険労務士向けのセミナーだ。

「私が大規模な社労士法人での勤務から独立して社労士事務所に活動の場を変えて感じたのはお客様との距離です。事務所を開設して一人でやっているとすべてのお客様一人ひとりの相談に親身に対応することができます。お客様にとって身近な存在になれるわけで、結果としてより質の高いサービスを提供できるようになりました」と自らの率直な経験を話す。

「どこかの事務所や会社に勤務していたり、独立しているが中々仕事が思うようにいかないと感じている社会保険労務士の方々に、独立開業して事務所を成功させるためのノウハウや、私自身がこれまで培ってきた人事労務に関する経験や知識をお伝えできればと思っています」

毎月定期的に開催している『真田式社労士塾』のセミナーは､回を追うごとに受講者が増え、ホームページ上に喜びの声も多く寄せられて好評を博している。真田氏はこうしたセミナーの他、各種出版物や「真田式人事評価システム」という自身のノウハウを体系化した商品の販売を通しての情報発信にも力を注いでいる。

「人事のトラブルは病気と同様予防が大事ですが、予防のためには、早い段階から知識とノウハウを備えた社会保険労務士がサポートをしなければなりません。だからこそ、多くの中小企業の皆様に社会保険労務士を身近な相談相手として捉えて頂きたいのです。この人に相談すれば会社のどんなことでも分かってもらえるといったような、町のかかりつけ医のような存在が私の目指す理想の社労士像です」

社会保険労務士といえば、社会保険、労働保険、給与計算といった手続き業務の専門家というイメージがあるが、真田氏は人事労務を通して会社を成長に導くコンサルタント的な役割をメインとしている。そしてこうしたスタンスこそ、今後社会保険労務士が担っていかなければならない分野だと真田氏はいう。

「企業に顧問の社会保険労務士がいるのが当たり前のような環境にしていきたい。そのためには私たち社労士も変わっていかなければならないと考えています」

会社を成長に導くコンサルタント的な役割を担う真田氏

クライアントに親身に寄り添う一方、業界を俯瞰して社労士全体の存在価値を高める改革の旗頭として真田氏のチャレンジが続く。

PROFILE

真田 直和（さなだ・なおかず）

昭和 48 年生まれ。大阪府出身。平成 8 年近畿大学法学部卒業後、社労士の世界へ。業界最大手の労働保険事務組合の理事長、大手社会保険労務士法人の代表などをつとめ、平成 29 年真田直和社会保険労務士事務所開設。特定社会保険労務士。

（所属・活動） 合同会社 SANADA コンサルティング代表

アンガーマネージメントファシリテーター（一般社団法人アンガーマネージメント協会員）。国際リスクマネジメントマネージャー CRM「Certified Risk Manager」取得。国際リスクマネジメントマネージャー PRM「Planner of Risk Management」取得。国際リスクマネジメントマネージャー PLM「Planner of Life Management」取得（一般社団法人リスクマネジメント協会会員）。給与計算実務能力検定 2 級（一般財団法人職業技能振興会）。

INFORMATION

真田直和社会保険労務士事務所

URL　https：//www.nsanada-sr.jp/

所 在 地

〒 540-0026　大阪市中央区内本町 1-2-1
大晋第 3 ビル 702 号
TEL　06-6941-5226　FAX　06-7635-9506

アクセス

大阪メトロ谷町線・中央線 谷町四丁目駅から徒歩 3 分

設　　立

平成 29 年 10 月

業務内容

人事評価・賃金制度のコンサルティング、就業規則作成サポート、残業や解雇など労使トラブルの解決、社内研修の実施、各種助成金

人材に関する専門家

真田直和社会保険労務士事務所は、豊富な経験と知識で、従業員のやる気を引き出す人事評価、賃金制度、労使トラブル、就業規則に重点を置いて支援いたします。

医療業界に関わる人事・労務の諸問題をとことんサポート

労務トラブルの解決を使命とする医療に特化した社労士事務所

社会保険労務士法人 NAGATOMO
代表社員　社会保険労務士
長友 秀樹

知識を共有し、連携を密にして医療分野での人事・労務トラブルの未然解決に努めてまいります

新型コロナウイルスの感染拡大に伴い、日本の就業環境は大きな転換期を迎え、新たな労務管理のあり方が問われている。在宅勤務による労働時間や勤務体制の管理、通勤費の変更など、新たな規定や運用方法に戸惑う企業も多い。雇用形態や生活様式の変容に機敏に対応し、的確なアドバイス、サポートができる社会保険労務士への期待がかつてない高まりを見せている。社会保険労務士とは一般的に、労働法に基づいて行政機関に申請する書類作成を代行・申請する専門家として認識されている。しかし、実際はそうした手続き代行の業務だけにとどまらない。賃金制度の構築や人事・労務に関するアドバイス。近年複雑化してきている年金制度への対応など業務内容は多岐にわたる。様々な職種の労務に関する業務や社会保障関連のサポートを行うのが社会保険労務士だが、主として医療分野を中心とした業務に注力しているのが社会保険労務士法人NAGATOMOだ。代表の長友秀樹氏が平成24年8月に埼玉県さいたま市で長友社会保険労務士事務所を設立、東京に移転し活動を続けた後、平成30年10月に法人化し社会保険労務士法人NAGATOMOとした。現在は再びさいたま市に拠点を移し関東を中心に活動を広げ、人事や労務に関する相談にきめ細やかで的確なアドバイスを行い、迅速に解決に導く社労士事務所としてとりわけ医療業界から絶大な信頼を集めている。

乳製品会社の営業から、製薬会社のMRへ転身

より専門性の高い職業を目指して社会保険労務士へ

社会保険労務士法人NAGATOMOが医療に特化した業務を推進しているのには、長友秀樹代表の経歴が深く関わっている。長友代表は筑波大学で法学専攻を履修して卒業後、雪

印乳業に入社。粉ミルクやベビーフードなど乳幼児向けの商品を産婦人科に紹介する営業部門に配属された。

「雪印乳業時代は、自社商品のプロモーションに病院やクリニックを回り、先生方に気に入っていただけるように、密接な人間関係の構築に努めるという特殊な環境で仕事をしていました」

ライバル各社との激しい競争の中で契約をとるために、医師や看護師など医療従事者のきめ細かいニーズに即応して日々の営業活動は多忙を極めたという。こうした中で専門性が求められる医療の世界に興味をもち、やがて長友代表は製薬会社に転職する。

事務所受付

「同じ営業をするにしてもより専門的な知識が求められる職種に変わろうと決意しました。各地の病院を営業で回っているうちに、製薬会社の営業に強く惹かれるようになりました」と長友代表。

とくに幅広い医療知識が求められるMR職に就こうと猛勉強し、長友代表は、平成17年にMR資格を取得した。こうしてヤンセンファーマのMRとして長友代表は、医師に薬の効能や副作用を伝えて商品をアピールする充実した日々を送る。

高度な専門知識と臨床経験、医療技術に裏打ちされた医師の活動を目の当たりにする中で、自身もより専門性の高い仕事をしたいと考えた長友代表は社会保険労務士を目指すことに。

「MR職について10年がたち、勉強して転職するなら今がラストチャンスかなと思いました。他の資格も色々考えましたが、社会保険労務士は身近な存在で、将来独立が可能な職業だと思いました。とくに今まで経験してきた営業職のように、人と接する機会の多い社労士に強く興味をもちました」

勤務社労士として人事・労務コンサルティングのスキルを磨く

平成24年に医療分野に特化した社労士事務所を開業

MR職として専門知識を勉強する中で、他の専門分野にも強い関心を持つようになったという長友代表は、平成19年に社労士試験に合格して資格を取得する。大手公認会計士事務所の人事労務部門で社労士として働くことになった長友代表だが、ここで壁に直面することになる。

「ここでは、給与計算や保険の手続きといった典型的な社労士の業務とは異なって、人事や労務コンサルティングの能力が求められました」と振り返る。

長友代表は懸命の努力の甲斐あって専門スキルを習得していったが、「コンサルティングの分野でよりステップアップしたい」という想いからコンサルティング会社の社労士部門に転職した。そこでM＆Aや投資、事業承継などで起きるリスク回避のため、労務デュー・デリジェンス（労務DD＝評価・調査）などの業務を任される。

「普通の社労士事務所では経験できない難しい業務を担当しました。最初は上手くいかなくて、挫折を感じました」という長友代表だが、ここでもめげることなく仕事に向き合い、コンサルタントとしてのスキルを徹底的に磨いた。開業は考えてなかったというが、この頃の経験が独立後の大きな支えとなったと語る。

こうして長友代表は勤務社労士として5年間勤めた後、平成24年に長友社会保険労務士事務所をさいたま市に開設、医療に特化した人事、労務を中心とした業務を開始する。

「長らく病院やクリニックなど医療業界を営業で回っていたため、人事や労務関連で色んな問題を抱えていることはよく知っていました。人事・労務問題の解決に向けたニーズは高いと感じていました。その医療業界に戻って活動したいという想いに駆られて独立しました」と当時を振り返る。

『MR出身の社労士による医療に特化した社会保険労務士事務所』

医療関係者に労働条件や給与・手当などを親身にアドバイス

独立開業したものの初めから特別の人脈があったわけではなく、クライアントの獲得にはゼロからの出発で苦労した。HPの作成に力を入れ、紹介で得た依頼を誠実にこなすことで評判を呼び、首都圏を中心に徐々に事業が広がりを見せ、やがて事務所は軌道に乗り始める。HPでは『MR出身の社労士による医療に特化した社会保険労務士事務所』という独自性を強調し、電話やメール相談など細かいサービスの内容と価格を明確に表示することで、顧客に安心感を与えている。

「コンサルティング会社でメルマガを発信する作業を任されていたので、文章やHPを作ることには慣れていました」と、ここでも過去の経験が存分に生かされている。価格表示と自身の経歴を詳しく開示をしたことで信頼を得、依頼者からの仕事を誠心誠意積み重ねていくことでリピーターが増えていった。関東を中心に活動範囲を拡大し、今では長友代表を含む6人の社労士が在籍する大きな社労士事務所に成長した。近年、システム化が進んでおり給与計算や各種の手続きは誰でもできるように簡素化され、社労士の役割も変容している。

「ネットの普及などで一般の人でも様々な許認可の手続きができる時代になってきたので、今ではコンサルティングなど、なるべく相談業務に力を入れています」と長友代表。医院を開業したばかりの医師に対して、労働条件の内容や給与・手当のアドバイスなどを親身に行う。またスタッフの採用面接にまで立ち会うこともあるという。医療業界はスタッフの離職率が高く人材確保が大きな課題となっている。特に女性スタッフが大半を占めるため、出産や育児などで離職者が多い事が経営者の悩みとなっている。年末年始の出勤手当の相場、夜間の手当や昇給や賞与といった細かな相談も多いという。

「私たちの事務所では広い地域にわたって多くの件数をこなしているので、各地の人件費や手当などの相場がよく分かり、適切なアドバイスに繋がるという強みがあります」

豊富な案件を手掛けているため、各診療科目の賃金水準なども把握しやすい利点がある。さらに同業者にはなかなか聞けない質問にも的確に対応できる。このように地道にクライアントに寄り添ったきめ細やかな業務は他に類を見ない。

コロナ禍の中で臨機応変に対応した勤務体制づくり

労務トラブルの初期対応で問題の拡大を未然防止

長友代表が製薬会社のMRや勤務社労士時代に培った様々な経験やスキル、そして独立後に手掛けた多彩な多くの案件をもとにしたアドバイスやサポートは、社会保険労務士法人NAGATOMOならではの貴重なサービスといえる。とはいえ、人事や労務に関する問題はシリアスな案件で、時に深刻事態を招きかねない。職場でのいじめやパワハラを訴えるケースは後を絶たず、自らの権利ばかり主張するモンスター社員も存在する。

「トラブルに発展しないように日頃の労務管理を徹底していますが、それでも経営側とスタッフとの間で意見が合わず、訴訟に持ち込まれるケースがあります」

こうしたトラブルの初期対応に力を注いで、トラブルの拡大を未然に防ぎ解決に努めることも大切な仕事だ。双方の話し合いの場を設定し、きちんとした就労規則を取り決めるなど、双方が納得する形で円満解決に導いていく。

「医師の先生方の性質も様々です。法律論だけではなく、できるだけ相手のキャラクターを見たうえで法律に沿った適切な手段を考えようと努めます」と冷静に分析する。社会保険労務士法人ＮＡＧＡＴＯＭＯでは、契約件数が多いにもかかわらずほとんどが訴訟に発展する前に解決に導いているという。営業経験で培ったその時々に応じた臨機応変な対応力が発揮されているのだ。２０２０年は新型コロナウイルスによって医療機関は業務内容が大きく様変わりした。

事務所が入るビル外観

「私たちもコロナ禍でクライアントの下に訪問ができなくなり、オンラインで打合せをしたりしました。給付金や助成金などの手続きに関するサポートなども行いますが、院内クラスターが発生した病院には今までにない対応に追われました」

こう語る長友代表だが、社会保険労務士法人ＮＡＧＡＴＯＭＯでも在宅勤務を余儀なくされ、合理的で無駄のない勤務体制作りや、在宅ワークに備えて必要な機材を取り入れるなど臨機応変に対策を行っている。就業環境の変革を迫られる中で、長友代表は社労士としていち早く新たな仕組づくりを構築し実施している。

「社労士事務所だけに、次代を先取りする形でお客様の見本になるような就業環境づくりをしなければいけません」

医療関係者を対象にセミナーを通じて有益情報を発信
他士業の専門家とともに医療専門士業ネットワークを構築

長友代表は開業医や病院など医療機関の経営者を対象としたセミナー活動に力を注いでいる。医療系のコンサルティング会社や医師会、保険会社や代理店からも依頼を受け、積極的に活動を行ってきた。

「より役に立つ情報発信ができるように、私を含め事務所のスタッフも専門知識の習得に余念がありません。日々の業務に追われていると難しい面もありますが、常に研鑽を怠らないことを肝に銘じています」

MR職から社労士へと転身しひたすら学ぶことによって前進してきた長友代表の人となりを伺わせる。緊急事態宣言が発令されてからセミナーの開催は中止しているが、再開したいという想いは強い。「学ぶ体制を整え、お客さまのニーズに応えられるようにしていきたい。さらに医療業界に特化した新たなサービスを展開していきたい」と熱を込める。

長友代表は「病院の発展を支援したい」という想いから、同じく医療に特化した税理士や行政書

チャレンジ精神で業務に向きあうスタッフ

士など他士業との連携を大切にしている。

「情報提供できる範囲で知識を共有し、連携を密にして医療分野での人事・労務トラブルの未然解決に努める」という考えのもと、月に一度税理士や行政書士と勉強会を行ってきた。その学びをもとに「Ｍｅｄｉｏａｌ（メディオール）」という医療専門士業ネットワークを構築して活動を始めている。

「税理士と行政書士を含めた３人で立ち上げました。お客様の多様なニーズに的確にお応えできるようワンストップで対応できる体制を目指しています」と胸を張る。医療業界に特化して３人のプロフェッショナルが手を結び、Ｍ＆Ａや新規事業・事業再生などのコンサルティングを展開する。それぞれの専門分野のエキスパートがワンチームとなって、クライアントの立場に立ったきめ細やかなサポートをより強力に、効率的にワンストップサービスで実現する。

医療に特化したより質の高いサービスの提供を身上とする長友代表は声高に語る。

「医療機関は人で成り立っています。人を大事にしてこそ将来の安定と発展に繋がります。私はこうした『人』を徹底してサポートしていきます」

PROFILE

長友 秀樹（ながとも・ひでき）

平成 10 年筑波大学第一学群社会学類（法学専攻）卒。卒業後、雪印乳業入社。育児用粉ミルク部門で産婦人科・クリニック担当。平成 16 年ヤンセンファーマ入社。翌年 MR 資格取得。平成 19 年社会保険労務士試験に合格。同 20 年から藤間公認会計士事務所に入所し、社会保険労務士としてスタート。翌 21 年人事コンサルタントとしてプロジェスト入社し、人事コンサルタントとしてのキャリアを積む。平成 24 年 8 月独立し社労士事務所を開業。同 30 年 10 月法人化し社会保険労務士法人 NAGATOMO に改組。

（所属・活動） 埼玉県社会保険労務士所属、医療労務コンサルタント、医療専門士業ネットワーク Medioal（メディオール）、歯科医グループ SDC アドバイザー

INFORMATION

社会保険労務士法人 NAGATOMO

http://nagatomo-office.com

所 在 地

〒 330-0843　さいたま市大宮区吉敷町 1-103
大宮大鷹ビル 206
TEL　048-778-7631　FAX　048-778-7641
E-mail hnagatomo@nagatomo-office.com

アクセス

JR「大宮駅」東口から徒歩約 10 分
JR「さいたま新都心駅」東口から徒歩約 12 分

設　　立

平成 24 年 8 月（平成 30 年 10 月法人化）

業務内容

労務相談顧問、就業規則作成・改訂、人事評価制度構築・見直し、労務リスク診断、社会保険・労働保険手続代行、給与計算、M&A 支援、新規開業支援、助成金申請代行、職員研修、労働基準監督署対応

法人ポリシー

○お客様の立場に立つことこそ最適な解決策につながる道であると信じること。
○クイックレスポンスを心掛け、お問い合わせを受けたときはお客様をお待たせしないこと。
○ より良い職場作りのために率先垂範し、職員の職場満足度を高めること。

「和」を大切に顧客と日本の発展に力を尽くす知的財産のプロ

ＩＴ、ソフトを強みに多様な案件にオールマイティーに対応

和（なごみ）特許事務所

所長　弁理士

渥美　元幸

クライアントをはじめスタッフ同士の和、そして社会との和を大切にする事務所を理想としています

特許庁が公表した「特許行政年次報告書2020」によれば、特許協力条約に基づく国際出願（PCT国際出願）の件数は2014年を除き一貫して増加傾向を示しており、2019年は51、652件で前年比6・2%増となった。

近年企業活動のグローバル化が進展し、国内のみならず国外での知財戦略の重要性が一段と増していることを裏付ける。一方中小企業に限って見れば、2019年の中小企業の特許出願件数は39、596件で前年比4・8%の増加で、内国人の特許出願件数に占める中小企業の割合は16・1%にすぎない。出願全体に対する中小企業の比率は少ないものの、近年多くの企業が特許への認識を深め、出願に意欲的であることがうかがえる。中小企業の特許出願件数が大企業に比べ少ない理由の1つは、特許取得業務を担当する知的財産部などの専門部門を社内に持つ企業が少ないことがあげられる。特許出願業務は煩雑でハードルが高いため、苦労して生み出された発明が特許出願されないまま埋もれてしまいがちだ。こうした中小企業やベンチャー企業の力強い味方となるのが、大阪と長崎に事務所を構える「和（なごみ）特許事務所」だ。所長の渥美元幸弁理士は「クライアントとの和、事務所スタッフの和、そして社会全体との和を大切にする特許事務所でありたい」と柔和な笑みを浮かべて語る。

特許事務所に勤める父の背中を見て弁理士を志す

父と先輩の夢を引き継ぎ独立、弁理士キャリアをスタート

和（なごみ）特許事務所の渥美所長が弁理士を目指した理由は父親の存在が大きい。「父はもともと弁理士を目指していましたが、当時弁理士になるには合格率がおよそ1%といわれ

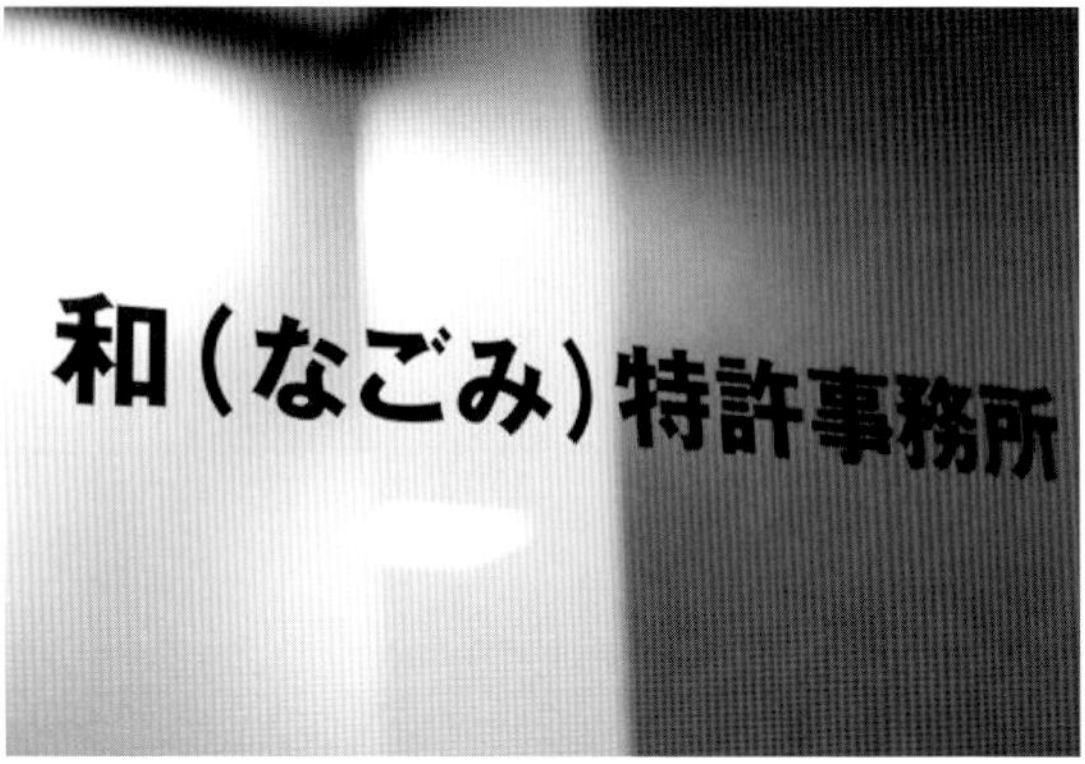

クライアント、スタッフとの和、
社会との和を大切にする

る超難関試験をパスしなければなりませんでした。父は大阪の特許事務所に勤務しながら、弁理士試験へのチャレンジを続けていました」と渥美所長。

父親の元屯《ちかみつ》氏が当初勤務した特許事務所の先輩に岩永方之弁理士がいた。ともに長崎出身だったこともあり、仕事だけでなくプライベートでも親しかった。その後、昭和41年に岩永弁理士は独立開業して岩永特許事務所を立ち上げたため、職場を離れることになったが、二人は定期的に交流していたそうだ。

子どもの行事に積極的に参加する一方、仕事と勉強にも一生懸命に打ち込む父の姿に、「勉強は子どもがというより父親がするものだと思っていた」という渥美所長。その背中を見て育ち、父親が取り組み続けた難関試験への憧れからか、自然と「自分も弁理士試験にチャレンジしよう」と思うようになった。渥美所長は弁理士を目指した父の夢を引き継ぎ、平成13年に弁理士試験に合格した。親子で喜びあったのもつかの間、父はガンを患っており余命わずかの宣告を受けていた。渥美所長は、父亡き後、大阪の特許事務所に就職し、弁理士としてのキャリアをスタートさせる。仕事に慣れ始めた頃、岩永弁理士から事務所を引き継ぐ前提で手伝ってもらえないかという連絡があった。

「試験合格後に父から『もしかしたら、岩永先生から事務所を手伝ってほしいという話があるかもしれない。その時は頼むな』と言われていました。もともと私が弁理士を目指したのは父の影響が大きく、岩永先生は父が大変お世話になった方だけに二つ返事でお引き受けしました」と当時を振り返る。こうして渥美所長は岩永特許事務所へ移籍し、平成18年から事務所経営を受け継ぎ、平成20年に現在の和（なごみ）特許事務所に名称変更した。岩永弁理士はそれを見届けるように他界した。さらに渥美所長は平成29年に父親と岩永弁理士の故郷である長崎にもオフィスを構えた。「九州の弁理士さんと交流した折に、長崎は特許事務所を開業している弁理士の数が少なく、その数人に負担がかかっていると耳にしたのがきっかけでした。ここまでやってこられたのは父と岩永先生のお陰です。それだけに2人の出身地である長崎の地で何かお役に立てればと思いました」と渥美所長。利益を二の次にして何より人の縁と心情を重んじる渥美所長の温かい人柄を如実に感じることができる。

クライアント、スタッフとの和、社会との和を大切にする

知財権と弁理士の認知度アップを目指す広報活動にも取り組む

現在、和（なごみ）特許事務所のスタッフは渥美所長と嶺　直道弁理士、そして事務員3人の計5人。取り扱う内容は日本および外国の特許・実用新案・意匠・商標の出願、拒絶対応（特許庁から特許出願に対して拒絶理由通知書が送付された場合）、審判（拒絶査定とされた場合など）、調査、鑑定、訴訟、契約、コンサルティングなど多岐にわたる。クライアントは企業や個人事業主がメインだ。

特許事務所としては珍しい「和（なごみ）」という名前には、仕事に対する渥美所長のこだわりが詰まっている。

渥美所長の母親が描いた絵画

『和』は人と人が互いを尊重し合うという意味があります。また『和』の文字は日本を表す『大和』にもちなんでいます。クライアントをはじめスタッフ同士の和、そして社会との和を大切にする事務所を理想としています。私自身はその『和』を保つための存在でありたいと思っています」と渥美所長の言葉に熱気がこもる。

渥美所長は通常業務に加え、所属する日本弁理士会で弁理士の社会貢献活動に積極的に取り組むとともに、知名度アップに向けた広報活動も行っている。

「日本弁理士会は、全国的な組織としての『日本弁理士会（本部）』と、９つの各地域会とに分かれており、私は『関西会』と『九州会』の２つの地域会に所属しています。そして、本部の支援センターと関西会の普及支援委員会、九州会の学校支援委員会で支援活動を担当しています」

渥美所長によると、弁理士が講師となって小中学校で知的財産権に関する授業を行ったりする。これも大切な支援活動の一つだ。日本弁理士会の関西会において担当し、発明への理解を通じて子供の創造力を養うとともに、創造した物の権利を守る仕組みと弁理士の仕事について知ってもらうというものだ。

「関西会では、例年約50校から応募があり、近年申し込みが増えています。弁理士の社会貢献を通じて知名度アップにも多少は貢献できていると思います」

渥美所長は、父親の生まれ故郷でもあるゆかりの深い長崎県での活動にも力を入れている。独立行政法人工業所有権情報・研修館（ＩＮＰＩＴ）が設置する「知財総合支援窓口」の配置専門家を務めており、「窓口」で行われる相談会には必ず相談者が訪れるという。

「長崎県は弁理士の数が非常に不足しています。また弁理士の認知度が低いこともあって、知的財産を巡る問題で困っている方への支援が行き届いていないようです。それだけに何かお役に立てることができれば」と渥美所長は業務の間を縫って、精力的に支援・広報活動に取り組んでいる。

クライアントを満足させる高レベルなサービスの提供

書類の制作は発明の本質を把握し幅広いイメージで捉える

和（なごみ）特許事務所の大きな強みは、アパレル、日用品、機械、通信など幅広い業界にオールマイティーに対応するとともに、ＩＴを駆使した画像処理をはじめとするソフトウェアに精通していることだ。とくに事務所の売りでもあるソフトウェア分野は画像処理のエキスパートである嶺弁理士が担当している。

「オールマイティーといえば大げさですが、どんな相談にも応えられるよう日頃から準備しています」と常に新しい知識の吸収を怠らない。

渥美所長とパートナーの嶺弁理士はともに弁理士登録15年以上のキャリアを積み、クライアントを満足させる高レベルなサービスの提供で定評がある。とくに重視しているのが特許出願に必要な書類の品質を最大限まで高めることだ。技術的内容を詳細に説明する「明細書」と、発明の技術的範囲を特定する「特許請求の範囲」の作成ではとくに高い評価を集めている。

「書類作成で重要なのは発明の本質を把握しながらも、できるだけ幅広いイメージでとらえることです。特許庁は審査の際に『この発明は特許を与えるだけの価値があるのか？』という大変シビアな目で見ているので、発明の内容を広く表現し過ぎると既存の技術に似ていると判断され拒絶される恐れがあります。そのリスクを避けるために、『こういう点はこの発明ならではの特徴部分だ』『この方向で掘り下げては』と検討を重ね、できるだけ多くの切り口を作っていきます」と説明する。

いわば発明の「幅を広げていく」と同時に「深掘りしていく」手法だが、当然ながら担当する発明分野に対して相当深い知識が必要となる。といって、とことん詳しく記載すればいいというものでもない。発明について細かく書けば書くほど、秘密にしておきたい内容を公開することになるからだ。発明者が承諾しても、会社の戦略としては望ましくないケースもある。そういったデリケートな部分をコミュニケーションによって調整しつつ、渥美所長と嶺弁理士は表現を工夫しながら申請が通る可能性をできる限り高めていく。こうして作成された書類は2人が仔細に確認するダブルチェック体制を実施している。この緻密さとクライアントの利益を追求する細やかな心遣いが、書類作成をはじめとした和（なごみ）特許事務所の高品質なサービスの源泉となっている。

発明者の熱い想いを具現化することが大きなやりがい

クライアントから寄せられる信頼と期待を胸に業務に邁進

様々な案件と向き合ってきた渥美所長だが、発明者の熱意を具現化できた時はいつも、達成感とともに弁理士としてのやりがいを感じるという。自ら携わった発明がヒットし、世間で高く評価されると、喜びもひとしおとのこと。

「中小企業の場合、発明者自身が特許出願の担当者として相談に来られることがほとんどです。発明に対する想いと会社の利益につなげたいという熱い想いが直接伝わってきます。そのお手伝いができるのは、弁理士ならではの醍醐味です」と熱く語る。多くの依頼者が渥美所長のもとに訪れるのは、高い品質のサービスとともに、依頼された仕事に対する誠実な姿勢、その人柄に惹かれる部分も大きい。

「弁理士の仕事に高い専門性が求められるのは当然ですが、何がお客様のために一番利益になるのかということを考えます。同時にお客様とのコミュニケーションが何より重要な要素になってきます」

過去に相談を受けて仕事をしたクライアントから『別の案件ですが、今回も和（なごみ）特許事務所さんにお願いします』とリピートが舞い込むと、「信頼してもらっているのだな」と心から嬉しくなるという。「弁理士をやっていて良かったと心から思う瞬間ですね」

他にも、和（なごみ）特許事務所に厚い信頼を寄せるクライアントと、その取引先の企業が共同で出願するケースもある。

「クライアントがその取引先との仕事で私たちを選んでくださるということは、それだけ信頼されまた期待していただいているということです」と感激の面持ちで語る。

規模の拡大より、クライアントへの高品質なサービス提供を優先

常に「和」を尊重しながら、日本の企業のために尽くしたい

趣味は鉄道　全国の鉄道を巡っている

弁理士業務、事務所運営にと多忙な毎日を送る渥美所長だが、今後の抱負については「あまり規模の拡大を追わず、クライアントに喜んでもらえるサービスを継続的に行っていきたい」と控えめに語る。

「事務所を大きくしてどんどん仕事をこなして行こうとお考えの方も多いでしょうが、私は自分の目が届く範囲でサービスの品質にこだわって仕事をこなして行きたいという気持ちが強いです。なので、自分の才覚からすればスタッフ数は10人くらいまでが適当ではないかと思っています」

そして、「人数が増えると派閥ができてしまったり、相性の合わない人と仕事上でぎくしゃくしたり、不要な気苦労が発生して、最も大切にしたい『和』が実現できなくなる恐れがあります」とあくまで「和」を大切にする渥美所長の弁だ。

古来受け継がれてきた「和を以て貴しとなす」の精神を胸に、クライアントのため、そして日本の経済、産業の発展のために尽くそうと自らを鼓舞する渥美所長。

「特許制度はそもそも、その国の産業を発達させることを目的に作られた制度です。私たち和（なごみ）特許事務所は和を大切にする特許事務所として、これからも日本の企業のためになるお手伝いをしていきます」と語る渥美所長の挑戦が続く。

PROFILE

渥美 元幸（あつみ・もとゆき）

昭和 50 年生まれ。大阪府出身。平成 10 年神戸大学経営学部卒業。特許事務所に勤務した後、平成 16 年に岩永特許事務所へ移籍。岩永特許事務所を引き継いだ後、平成 20 年に事務所名を和（なごみ）特許事務所に改称。同 24 年に日本弁理士会知的財産支援センター運営委員、同 25 年に日本弁理士会著作権委員会委員として活動。平成 26 年から同委員会副委員長、同 28 年に委員長を務める。同 30 年からは日本弁理士会知的財産支援センターの副センター長を務める。アパレル、日用品、機械、ソフトウェアなど幅広い分野の特許をはじめ、 商標・不正競争・著作権など知財に関する多数の実績がある。

INFORMATION

和（なごみ）特許事務所

http：//www.nagomi-pat.com/

所 在 地

〈大阪オフィス〉〒 550-0005　大阪市西区西本町 1-8-11
カクタスビル 6F　TEL　06-6531-5575　FAX 06-6531-5539
〈長崎オフィス〉〒 850-0057　長崎市大黒町 10-10
KoKoRo ビル 602 号　TEL　050-5438-6222

アクセス

〈大阪オフィス〉大阪メトロ四つ橋線 本町駅 27 番出口から徒歩約 3 分
〈長崎オフィス〉JR 長崎駅から徒歩 2 分　長崎駅前南口バス停下車徒歩すぐ

設　　立

平成 18 年

業務内容

日本及び外国の特許・実用新案・意匠・商標の出願／拒絶対応／審判／調査／鑑定／訴訟／契約／コンサルティングなど

モットー

「和をもって貴しとなす」

・和（なごみ）特許事務所の『和《なごみ》』は互いを尊重し協力しあう『和《わ》』と日本『大和の国』から由来しており、私たち所員は『和を以て貴しとなす』という言葉を大切にしています。
・まず、第一にお客さまとの和・所員間の和・社会との和を大切にする特許事務所でありたいと考えています。

中小企業経営の課題を解決し成長に導くプロフェッショナル

地方創生に力を尽くす中小企業診断士のフロントランナー

水谷経営支援事務所

代表　中小企業診断士

水谷　弘隆

会社の成長・発展に直結するような
アドバイスができるのが私たちの強みです

中小企業診断士は、中小企業が抱える課題を見つけ、解決のための手助けを通して企業を成長、発展へと導くプロフェッショナルだ。国家資格であることから、国から認められた経営コンサルタントともいえる。現在中小企業診断士は全国でおよそ3万人を数える。その中で独立して業務を行っているのは3割程度で、大半がどこかの企業や事務所に所属しているサラリーマンだ。独立した中小企業診断士として各企業の経営サポートを事業として展開しているのはほんの一握りといえる。

一方、中小企業・小規模事業者は全国に約358万社と膨大な数にのぼり、事業活動や会社経営についての支援やサポートを求めるニーズは多い。独立して経営指導やサポートを行う中小企業診断士が少ないことから、中小企業事業者の経営支援を求めるニーズに応えきれていない点が、中小企業診断士業界の大きな課題となっている。こうした中で、平成27年の独立開業以来、多くの中小企業の経営をサポートし、中小企業経営者から頼られる存在として、日々多忙を極めるのが水谷経営支援事務所の代表で中小企業診断士の水谷弘隆氏だ。

「もっと多くの中小企業診断士が独立して活躍して欲しいですね。そのためには、自分が独立した中小企業診断士の成功モデルと言われるような存在になれればと思います」

人脈と見識の広がりを求めて中小企業診断士の資格取得

平成27年に中小企業診断士として独立開業

昭和42年生まれの水谷代表が中小企業診断士の資格を取得したのは36歳の時だった。当時はサラリーマンであり、独立の意志はなかったという。

水谷代表の自宅オフィスの執務スペース

「旭化成に勤めていましたが、30代になってから自己啓発に目覚め、まず英語の習得に取り組みました。資格は自分のキャリアアップにもなり、人脈や色んな見識も広がるのではないかと次に中小企業診断士の資格取得を目指しました」という水谷代表。「何より様々な分野で活躍する多くの友人を得るなど人脈が広がったことが大きな財産になりました」と振り返る。その後も、「もっと色んな世界を見てみたい」との想いを募らせていた水谷代表は、会社の公募留学制度を利用してイギリスに留学し、MBA（経営学修士）を取得した。さらに長年勤めた旭化成を退職して、平成20年からアメリカの大手米医療機器の日本法人「コヴィディエンジャパン」に転職した。

「自分を成長させるためにはアウェイの環境にあえて飛び込むことが大事」と、人並み外れた行動力を発揮し、新たな挑戦を次々行ってきた水谷代表だが、その後2回の転職を経て独立開業を考えるようになった。

「サラリーマンでずっといるよりは、独立して自分のペースで仕事をする方が私の性に合っているのではないかと思うようになりました」

こうして平成27年6月。水谷経営支援事務所が呱々の声を上げた。水谷代表47歳の時だった。

中小企業診断士に対する認知度が低いことを実感

独立開業には他業種・他分野の人との交流も大切

自宅兼事務所で独立を果たしたが、当初、仕事は皆無で開店休業状態だったという。「仕事をどう見つけていくかということで、当初はかなり悩みました」と独立当時を振り返る。「近道は無い」と、水谷代表は仕事を獲得するために、他士業や経営者の集まる勉強会、セミナーなどのイベントに足繁く参加した。こうした場で自己研鑽や人脈作りを行いながら、水谷代表は自分を売り込んでいった。

「私たちの仕事は経営のアドバイスや現状の経営診断、解決策の提示や実行支援です。悩みや課題を抱えている中小企業の経営者は世の中にたくさんいらっしゃいます。経営指導や課題解決のサポートを求めるニーズは多いにも関わらず、中小企業診断士の存在や業務があまり認知されていないことを実感しました」

水谷代表が地道な人脈づくりを続けていると、次第に相談が舞い込むようになってきた。仕事を依頼された人から新たな仕事の依頼者を紹介されるなど、人づてに依頼が続々と寄せられるようになり、今では一人では手一杯に。事務所経営を軌道に乗せることに成功した。「中小企業診断士として独立されている方の中には、中小企業診断士協会など同業の方との人脈作りに励んでいる方もおられます。ただ、私の経験上から言えば、他業種や他分野の方々との繋がりを作っていくことも大切だと思います」と自らの経験則からアドバイスする。当初自宅に設けていた事務所は、現在は都内中心部のシェアオフィスを利用し、さらに徳島県にもサテライトオフィスを開設するなど、仕事の幅もどんどん広がりを見せている。

企業が抱える問題点をプロの視点から分析・アドバイス

成果を出すにはクライアントとの信頼関係が重要

現在、水谷代表は20社ほどの中小企業経営の支援に携わっている。エリアは関東が中心で、業種は製造、建設、IT、各種サービスなどと幅広く、それぞれの企業をプロの視点から分析して的確なアドバイスを行う。

「主に資金繰りや人材、営業・販売分野における相談を受けることが多いです。加えて新事業の計画や販路の開拓、補助金の申請相談も最近は多くなっています」

水谷代表はまず、依頼者の話をとことん聞いて、それぞれの会社が抱える課題を明確にあぶりだしていくことから始める。その後、自身の専門分野であれば自らがアドバイスや手続きを行い、専門外の課題であれば、連携する他士業の専門家に依頼する。水谷代表の人的ネットワークや専門知識をフルに活用して中小企業が抱える悩みを解決に導いていく。

「大企業だと担当者の方とのやりとりになることが多いですが、中小企業の場合は経営者と直接やりとりができ、経営の命運を握るような部分に関わることも多いのでとてもやりがいがあります。それに、経営指導を行う会社一つひとつに創業以来の歴史が息づき、扱う商品やサービスも様々で、多種多様な会社の業務フローを拝見することで私自身大変勉強になります」と仕事の醍醐味を語る水谷代表だが、一番にやりがい、醍醐味を感じる瞬間はやはり成果が出た時だという。

「私のアドバイスによって売り上げや利益が上がれば嬉しいですし、新たな事業を軌道に乗せることができた時の達成感は格別です。また経営をサポートしていく過程で、相手の経営者ご自身の行動や考え方に変化があらわれることがあります。私が関わることによって、考えや行動が良い方向に向かっていく姿は何物にも代えがたい感動を覚えます」

もちろん全てが上手くいくといったことはないが、会社を良い方向に導くために最も大事なことは「クライアントとの信頼関係」だと水谷代表は強調する。

「お互いが何でも言い合える関係でないと、核心をついた解決策というのはなかなか見出せません。従って、紹介されたクライアントとの密な関係を築くためのコミュニケーションづくりには特に力を入れています」

誰もが安心して暮らせる町づくり『地方創生』に取り組む

徳島県東みよし町の「中小企業振興ビジョン」を策定

事務所開業から5年以上が経過し、中小企業経営者の参謀となって経営をサポートし、多忙な日々を送っている水谷代表が今力を入れて取り組んでいる業務が『地方創生』だ。

地方創生とは、各地方に安定的な雇用創出や若い世代の結婚・出産・子育てができる環境を整え、誰もが安心して暮らせる街づくりのための国の施策だ。東京への人口一極集中を抑制して、地方から国全体の活力を高める狙いがある。

水谷代表は数ある地域の中で、徳島県三好郡東みよし町の地方創生プロジェクトに参加し、地域

業務記録ノートで仕事を徹底管理

経済の活性化を力強く支援している。きっかけは東みよし町へのサテライトオフィスの設置だった。「徳島県はサテライトオフィスの誘致も盛んで、受け皿となる施設を多く作っています。私も縁があって東みよし町に拠点を置かせて頂くことになり、町民の方々との親交を深めていきました」

こう話す水谷代表は、東みよし町と深い繋がりができたことから、本格的な中小企業支援の依頼を町から受けることに。審議会やプロジェクト会議にも幾度となく参加し、1年ほどかけて地域の中小企業をどう活性化させていくかといった「中小企業振興ビジョン」を作成した。

「中小企業が元気になれば雇用も生まれて地域の人口増にも繋がり、地方創生の実現になります。通信技術の発達からどこにいても仕事はこなせますし、将来的には地方が東京を救う時代がくると確信しています」と水谷代表。

「私の地方創生業務第一歩として東みよし町を支援させて頂きましたが、今後全国の各地方で同じような支援をしていきたいと考えています」

現在は東みよし町に加えて山梨県、千葉県などの地域の経済活性化事業にも関わっている。「将来的には地方創生といえば水谷経営支援事務所といわれるくらいの存在になりたいですね」と前を見据える。

経営全般の問題解決は経営分析のプロである中小企業診断士へ

「中小企業診断士を町医者のように気軽に利用して欲しい」

水谷代表は、「国内の中小企業支援と地方創生の2本柱に加え、自身の英語力を活かして海外企業の日本進出サポートも行っていきたい」と明確な将来ビジョンを語る。

独立後も現状に満足することなく、常に新たな挑戦を続ける水谷代表は一方で「もっと中小企業経営者の方々に、中小企業診断士の存在や役割を知って頂きたい」という想いを抱く。

「経営の悩みや課題を顧問の税理士に相談される経営者は多いですが、税理士はあくまで税の専門家であって、売上や人事などには必ずしも精通しておらず経営全般の専門家ではありません。これに対して私たち中小企業診断士は経営分析の専門家ですので、会社の現状から問題点や課題を的確に指摘することができます。浮彫になった問題解決は各プロフェッショナルが手掛けますが、問題整理の部分に関しては中小企業診断士の得意分野であり腕の見せ所になります」

「中小企業診断士を町医者のような存在として気軽に利用・相談して欲しい」と訴える水谷代表は、これまで自身で手掛けてきた多くのコンサルティング実績の中で、印象に残っているある建設会社

仕事の合間に趣味のサックスを吹いて
リフレッシュする

のケースをあげる。

「従業員7人ほどの会社でしたが、原価管理がルーズで、売上が上がっても利益が少ない点が課題でした」

水谷代表は受注を制限するようアドバイス。実行に移した会社は少しずつ変化を見せていく。「身の丈に合った経営を実践することで、売上が下がっても利益は堅実にキープでき、全体の経営状態は大きく改善しました」

その後会社経営は順調に推移し、スタッフも増員した。現場仕事や事務作業は全てスタッフが担当し、社長は経営に専念。こうして社内環境も大きく様変わりしていった。

「このように、会社の成長・発展に直結するようなアドバイスができるのが私たちの強みです」と胸を張る。

自身の仕事を通して中小企業診断士の認知度を高めようと奮闘する水谷代表に、今熱い視線と期待が寄せられている。

PROFILE

水谷 弘隆（みずたに・ひろたか）

昭和 42 年生まれ。岐阜県出身。北海道大学文学部卒業後、旭化成入社。住宅事業部門で営業、資材調達に従事。会社派遣で英国サウサンプトン大学に留学、経営学修士（MBA）取得。平成 20 年に旭化成を退社、数社の外資系企業に勤務後、同 27 年に水谷経営支援事務所を開業。中小企業診断士。著書に『33 歳からの勉強のルール』（明日香出版社）、『今からでも＜余裕で＞間に合う 30 歳からの英語マル得勉強法』（明日香出版社）、『英語で働け！キャリアアップ読本』（共著｜日刊工業新聞社）、『十年後の自分をつくる－非エリートのための着実キャリアアップ戦略』（ごきげんビジネス出版）、『一歩ずつ、前へ進む－非エリートのための着実キャリアアップ戦略 2』（ごきげんビジネス出版）など。

INFORMATION

水谷経営支援事務所（One Step Beyond 株式会社）

https：//onestepbeyond.co.jp/

所在地

〒 103-0012　東京都中央区日本橋堀留町 1-10-1
カクタビル 2F シェア・プランニング内
TEL　090-6567-9320　FAX　03-6869-2843
Email　info@onestepbeyond.co.jp

アクセス

東京メトロ日比谷線・都営地下鉄浅草線「人形町」駅 徒歩 4 分
東京メトロ日比谷線「小伝馬町」駅　徒歩 4 分
都営地下鉄新宿線「馬喰横山」駅　徒歩 7 分

設　　立

平成 27 年 6 月

業務内容

- 中小企業専門の経営コンサルティング
- 地方創生に関するプロジェクト支援
- 経営顧問による経営改善支援
- 経営者コーチング
- 事業計画策定および実行支援
- 補助金申請、経営力向上計画認定取得、経営革新計画認定取得等の支援

自然と文化を大事にしながら、幸せな住空間を届ける

見た目と使い勝手を両立させた建築設計のスペシャリスト

株式会社北條建築事務所

代表取締役　一級建築士

北條　豊和

日本の豊かな自然や独自の伝統・文化を大切にしながら、住まれる方々の幸せが育まれるような建築が私の設計コンセプトです

大阪府の南西部に位置する和泉市。自然豊かな環境と都会的な街並みの融合が特徴的な同市は、近年〝トカイナカ〟というキャッチフレーズを通して街の魅力を広く発信。関西空港や難波・天王寺・梅田へのアクセスも至便であることから、年々移り住む人が増加し、人気を博している。

そんな魅力溢れる和泉市に、多くの人から頼られ多忙な日々を送っている一人の建築家がいる。それが北條建築事務所の北條豊和代表だ。

場所は和泉市の上代町という所にあり、築約30年の旧実家をリフォームした事務所兼自宅スペースで事業を営んでいる。レンガタイルと植木のある庭を通って所内に一歩足を踏み入れると、木の床、木の机、木の椅子、木の棚と、壁以外全てが木で造られた打ち合わせスペースがあらわれる。木の温もりや木のにおいが感じられ、心落ち着く空間が広がっている。

「日本の豊かな自然や、長く紡がれてきた日本独自の伝統・文化を大切にしながら、住まれる方々の幸せが育まれるような建築が、私の基本的な設計コンセプトです」

こう穏やかな表情で話す北條代表に、これまでの経歴から現在の取り組み、そして未来への展望など詳しい話を伺った。

モノづくりが大好きで小学4年生で建築家の道を志す

経験と知識を積み平成27年に北條建築事務所を開業

北條建築事務所の開業は平成27年11月。当初から「30歳までに独立を」と考えていた北條代表だったが、開業届を出したのは30歳と2日。「2日間だけ予定よりオーバーしてしまい

築約30年の木造住宅を改装して
作った北條代表のオフィス

ました」と笑う。母親が美術の教師で父親が数学と理科の教師だった北條代表は、両親の感性を引き継いだのかはわからないが、子供の頃からモノづくりが大好きで、建物や乗り物の模型やイスなどの家具を夢中で工作していた。次第に「実際作る作業より、設計や図面を考える方であれば、もっと色んな作品が作れそうだ」と、将来建築家になることを決意。小学4年生の頃だった。

しかし中学・高校時代は野球に没頭。高校の頃は甲子園を目指し、毎日仲間たちとともに汗を流す日々を送っていた。

高校卒業後は、京都府立大学人間環境学部環境デザイン学科に入学し、小学生時代からの夢であった建築の勉強を本格的に始めた。

「大学時代は学科の設計課題に力を注ぐあまり、同級生の間では、〝製図室のヌシ〟と呼ばれていました」と懐かしく当時を振り返る。大学卒業からの4年間は、一級建築士資格を取得するとともに、2つの設計事務所で勤務し、設計者としての腕を磨いた。この間主に手掛けていたのは保育所や障害者・高齢者施設といった社会福祉施設の建築だった。多くの建築実績を積み上げるなど、順調なキャリアを築いていた北條代表だったが、勤務していた事務所を退職し、次に就職先として選んだのが住友不動産。入社後すぐに住宅再生事業部に配属され、住宅や店舗のリノベーション事業に携わった。

「設計事務所時代は図面作成の仕事がメインでしたが、人の動機を掘り起こして、仕事が生まれるいわば営業・受注の仕事にも携わりたかった」と、転職の動機を説明。住友不動産にて、設計のみならず営業分野の経験も積み上げていった。

大学卒業から6年間で、建築に関わる幅広い経験と知識を得て、北條代表は冒頭の30歳と2日のタイミングで満を持して独立。北條建築事務所を開業して新たなスタートを切った。

多く手掛けてきた分野は医療・福祉関連施設

独立後は店舗や宿泊施設、戸建て住宅など様々なジャンルを手掛ける

「開業当初から、おかげさまで口コミや紹介などから多くの仕事依頼を頂けました」と、事務所運営も現在まで順調な歩みを見せてきた。独立以降、北條代表が多く手掛けてきた分野が、勤務時代から専門だった福祉施設と病院・クリニックといった医療系の施設だ。

「特に思い入れが強いのは保育所や特別養護老人ホーム、精神障害者入所施設です。こういった福祉施設は、平面計画が用途ごとに特殊で、事業者それぞれの福祉サービスに対する考え方や、利用者の方々の居場所づくりや使い勝手を考える必要があるなど、見た目とつくりを上手く結びつけた設計が求められます。難易度の高い作業ですが、やりがいもあって、毎回設計の奥深さを感じさせられます」

ここ最近では医療・福祉関連施設の設計に加え、店舗や宿泊施設、マンションや戸建て住宅の依頼も増えてきているという。

「どのようなジャンルでも、人が活動する空間という点においては共通しています。クライアントのご要望を詳細にお聞きして、用途を想像しながら設計していけば、理想の形が見えてきます。大切にすべきポイントというのはどのジャンルでもあまり変わりません」

独立後も多くの斬新で印象的な建築実績を残してきた北條代表。自身のホームページにて過去の実績を紹介しているが、中には『リビングでエアリアルヨガと雲梯ができる家』や、金属加工の工場長を長年務めてきたクライアントの依頼で『金属の箱みたいな住宅』、『京都の街並みとの調和と新しさを融合させた革新的ゲストハウス』、『築40年以上の古家が生まれ変わる北條代表独自のリノベーション住宅』など、オンリーワンの実績がズラリと並んでいる。

北條代表は「クライアントが抱く理想や夢を現実のものにできたときは、毎回この仕事をやっていて良かったなと思えます」と笑顔を浮かべる。

クライアントに夢を語ってもらう設計打ち合わせ

見た目だけではない緻密な動線設計の提案が強み

「一つひとつの仕事の質は絶対に落としてはいけません。特に私たちのようなクリエイティブな仕事であればなおさらです」と、同時並行で手掛ける設計は常に絞りながら業務を行う北條代表。

建築設計の依頼を受ければ、北條建築事務所ではまず基本設計という工程を踏んでいく。「まずはクライアントがどういった建物を作りたいか、夢を語って頂きそれを絵にしていく作業を行います」この時北條代表はクライアントに対し「今はあえて予算は二の次にして考えましょう」と提案する。「お金のことを二の次にしないと良いアイデアは浮かびませんから。初期の打ち合わせ段階では極めて自由闊達に議論し、実現したいことをお話頂きます。予算的な問題はもちろん限界はありますが、材料選定や平面計画などを工夫することで、調整を図ります」

住宅を作る際には通常、夫婦や両親など家族で基本設計の打ち合わせを行うことが多い。その時に北條代表は「クライアントの真のニーズを引き出してあげることが私の役割」だという。「ご家族の間で気遣いや遠慮があって、取り入れたい空間など、願望・希望を飲み込む方もいらっしゃいますが、家は何のストレスもなく素でいられる空間でなければいけませんから、色んな方法を駆使して潜在的な要望を感じ取り、デザインに反映させるよう心掛けています」

クライアントの夢を具現化させた長期優良住宅

さらに北條代表は、デザインを行う上で『使い勝手』を重視する。「デザインといっても見た目のことだけではありません。壁の色や外壁の素材などの見た目と同等かそれ以上に大切なのが『使い勝手』です。人がそこで快適に生活できるか、そこでスムーズに仕事を行うことができるか。そういった機能的な部分のデザインも科学的に行わなければいけません」

北條代表がこれまで多く手掛けてきた病院や福祉施設では、そこで働くスタッフが力を発揮できるよう、緻密な動線を設計してきた。「過去のこうした経験が今、他のジャンルの設計にも活かされ、好評を頂いています」

クライアントの要望を基に、北條代表は設計図、パース、模型などを使って、建築物を具体化させていく。こうした基本設計の工程は、住宅であれば大体3～4カ月、病院など規模の大きな施設であれば、1年以上をかけて行われる。その後、施工するゼネコンや工務店に見積依頼を行うために実施設計を行い、施工業者を選定する。工事が始まった後も、工事内容や品質、スケジュール、予算など、完成までしっかりと工事監理を行い、クライアントに完璧な状態で建築物を引き渡す。

クライアントの想いに応えようと知識、経験、感性、創造力を総動員

設計打ち合わせに臨む前は時間をかけて準備を万全に

ここまで建築家として長いキャリアを築いてきた北條代表は「建築設計は大変な仕事ですが、とてもやりがいがあって面白い」と充実した表情を浮かべる。

「商業施設や医療福祉施設、住宅など私の扱う仕事はクライアントにとって人生でそう何度もない大きな買い物です。それだけにクライアントの想いもすごく強いですし、設計の良し悪しでクライアントのその後の人生が左右されます。そう考えるとプレッシャーのかかる責任の重い仕事ですが、半面やりがいもすごくあります」

北條代表はクライアントの想いに応えようと、自身のもつ知識や経験、感性や想像力を総動員し、そのために「準備」を大切にする。「設計の打ち合わせや現場立ち会いなどに臨む前にどれだけ準備に時間をかけられるかが勝負だと思っています。完璧な図面や資料を揃えるのは当たり前で、あとは気持ちの準備です。家族のバックグラウンドや現場の進捗状況などを想像しながら、相手のことを想う気持ちを高めて当日を迎える準備はいつも心がけています」

こう語る北條代表は、寝ている時以外は常に手掛けているクライアントのことを考えているという。気づいたことや思いついたことはすぐにメモを取り、良いアイデアが浮かべば、計画を変更し

てクライアントに提案していく。ここまで一切の妥協なく、建築設計の仕事に向き合う北條代表だが「設計の専門家ですのでこれくらいは当たり前です」とサラリと言ってのける。

「私たち建築家は、施工は行わずにデザインのみで勝負している、いわば空間プロデューサーです。実際に現場で工事を行う仕事ももちろん大事ですが、設計図を作る仕事の重要度は計り知れません。だから私はいつもクライアントの人生を背負うくらいの気持ちをもって仕事に向き合っています」

事務所開設以来、短期・中期・長期の3つのビジョンに邁進
「建物に関する悩みは建築家に気軽に相談して欲しい」

事務所設立から5年半が経過し、令和3年で7年目を迎える北條建築事務所。北條代表は事務所設立にあたって、短期・中期・長期という3つのビジョンを掲げていた。「一つ目の短期ビジョンは『多くの方々から必要とされる存在であり続ける』というものでしたが、おかげさまで現在までたくさんのご依頼を頂けている状況ですので、これは達成できていると思っています」

二つ目の中期的ビジョンは『同じ思想を持った仲間を集めて事務所組織を大きくすることで、私が幸せにすることができる人々を増やしたい』というもの。「建築家は大きなお金を扱うことから、時に癒着や汚職が起こる業界でもあります」

こうした世界で北條代表は「クライアントの利益を守るのが私たち建築家の大切な役目」だと力を込める。「私たちはクライアントの代理となって設計監理を進め、設計監理料を頂いています。それ以外のお金は貰ってはいけないと思っています」

クライアントに完璧な状態で建物を引き渡すために完成まで一切の妥協をしない

北條代表は自身の考えに共鳴してくれる仕事のパートナーを募って業務の幅を広げていきたいと目論む。「この中期ビジョンはまだ道半ばですが、仲間が増えれば、携われる仕事も増やせます。事務所の規模を拡大させて、幸せにできるクライアントを増やしていきたいですね」

そして最後、三つ目の長期ビジョンは、事務所の設計コンセプトでもある『日本の自然と文化を大切にした建築』だ。「今日本には誰も住んでいない空家が多くあるにも関わらず、今だに宅地造成などの開発工事が行われています。日本人は新築を好む傾向が強いですが、新しいものが必ずしも良いとは限りません。古いものでも手入れをすれば百年、二百年ともつ建物もあります。欧米は新築より中古の方が価値が高いことも多い。日本でも古いものの価値をもう一度見直して欲しい。そうすれば、空家問題の解決や環境保全に繋がっていきます」

壮大なビジョンを掲げて業務に邁進する北條代表はさらに「設計事務所のイメージも変えていきたい」という夢をもつ。「設計事務所は本来、建築に関わる色んな困りごとを解決する場でなければいけないと思っています。体調が悪くなれば医師を頼るように、建物に関する悩みがあればどんなことでも気軽に建築家を頼って欲しい」

建築の将来に想いを馳せる北條代表。『建築を通して人々を幸せにしたい』という想いを原動力に今後も独自の建築家道を突き進む。

PROFILE

北條 豊和（ほうじょう・とよかず）

昭和 60 年生まれ。大阪府出身。平成 21 年京都府立大学人間環境学部環境デザイン学科卒業。株式会社莫設計同人、小田裕美建築設計事務所株式会社、住友不動産株式会社住宅再生事業本部で勤務。平成 27 年北條建築事務所設立。同 30 年株式会社北條建築事務所に改組、代表取締役。

一級建築士、既存木造住宅耐震診断講習修了者、既存住宅状況調査技術者、大阪府被災建築物応急危険度判定士

（所属・活動）公益社団法人日本建築家協会正会員、 公益社団法人大阪府建築士会会員。

INFORMATION

株式会社北條建築事務所

URL　https：//www.hojo-archi.jp/

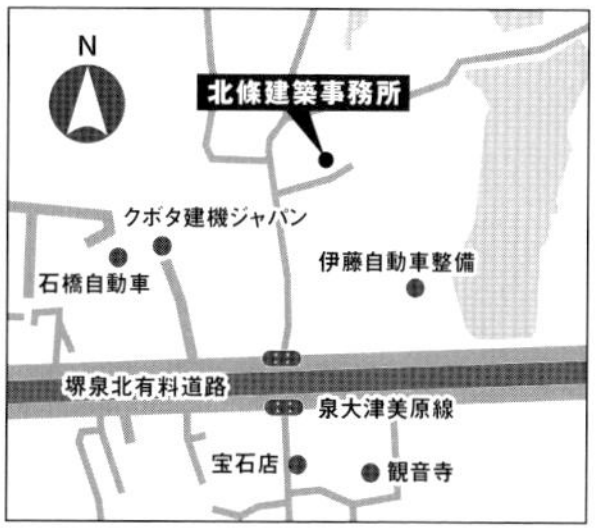

所 在 地

〒 594-0011　大阪府和泉市上代町 826-2
TEL　0725-43-6502　FAX　0725-46-9020

アクセス	設　　立
JR 阪和線北信太駅から徒歩 20 分	平成 27 年

業務内容

1、建築物及び室内空間の企画、デザイン及び設計
2、建築工事契約に関する事務及び建築工事の指導監督・監理
3、建築物に関する調査及び鑑定
4、建築物に関する法令又は条例に基づく手続の代理
5、土地利用計画に関する調査及び策定
6、地域開発・都市計画に関する調査及び策定
7、住環境・建築空間に関する研究
8、建築に関する広報活動
9、地球環境・自然環境の保全に関する計画策定及び実施
10、景観保全のための計画策定及び実施
11、伝統的な建築技術の継承に関する計画策定及び実施

設計のコンセプト

『自然と文化を大事にしながら、暮らしの幸せを育む建築』
クライアントの代理者として、建築の企画・設計から工事・引き渡しまで、クライアントと同じ立場に立ってクライアントが本当に望むものをクライアントが一番得する方法でサポートしていきます。是非ご一緒にオンリーワンの建築創りを楽しみましょう。

《掲載士業一覧》

弁護士

銀座さいとう法律事務所

代表弁護士　齋藤　健博

〒104-0061　東京都中央区銀座2丁目4番1号
銀楽ビルディング503E号室
TEL 03-6271-0744　FAX 03-6271-0745
弁護士直通 TEL 070-2627-6876　LINE ID bengoshisaito
URL https://ginza-saito.com/

はばたき法律事務所

代表弁護士　羽鳥　正靖

〒371-0055　群馬県前橋市北代田町174-43　2階
TEL 027-289-4172　FAX 027-289-4174
URL https://habataki-law.net/

誠大阪法律事務所

代表弁護士　斉藤　良雄

〒530-0047　大阪市北区西天満5-15-18　実業ビル4階
TEL 06-4309-6035　FAX 06-4792-7125
URL http：//www.makotoosaka.jp/

山田総合法律事務所

パートナー弁護士　山田　長正

〒530-0055　大阪市北区野崎町6-7　大阪北野ビル3階
TEL 06-6362-4132　FAX 06-6362-4135
URL https：//www.yamadasogo.jp/

税理士

会計事務所ＲＰＡ研究会株式会社
税理士法人リライアンス

代表取締役
代表税理士　大城　真哉

〒104-0031　東京都中央区京橋 1-3-2　モリイビル 701
TEL 03-3517-2689　FAX 03-3517-2688
URL https：//tax-rpa.com/

岩浅税理士事務所

代表
税理士・行政書士・CFP®　岩浅　公三

〒600-8054　京都市下京区仏光寺通麩屋町西入仏光寺東町 129 番地 9
TEL 075-343-1888　FAX 075-343-1887
URL http：//www.iwasa.info/

大場尚之税理士・行政書士事務所

代表
税理士・行政書士　大場　尚之

〒248-0014　神奈川県鎌倉市由比ヶ浜 3-5-11　由比ヶ浜 HALE101
TEL 0467-39-6272　FAX 0467-39-6273
URL https：//kamakura-tax.com/ コーポーレートサイト
https：//souzokuzei-kamakura.com/ 相続サイト
https：//iryohojin-support.com/ 医業サポートサイト

公認会計士

Ｈ＆Ｈ合同会計事務所

代表
公認会計士・税理士　萩原　佳

〒567-0034　大阪府茨木市中穂積 1-6-46　茨木松田ビル 4 階
TEL 072-665-7234　FAX 06-6537-1852
URL https：//hh-godokaikei.com/

グロウリードグループ　鈴江総合会計事務所

所長
税理士・公認会計士・中小企業診断士　鈴 江　武

〒541-0046　大阪市中央区平野町2-1-2　沢の鶴ビル7階
TEL 06-4256-1813　FAX 06-4256-1814
URL https：//www.suzueoffice.com/

行政書士

かもめ行政書士法人

代表社員
行政書士　清 水　直《すなお》

〒220-0003　横浜市西区楠町27-9　横浜ウエストビル301
TEL 045-392-3713　FAX 045-392-3723
URL https：//www.kaisha-kigyo.com/

行政書士さかもと綜合事務所

代表行政書士　坂 本　琢 政

〒540-0029　大阪市中央区本町橋2-23　第7松屋ビル3F
TEL 06-6809-6603　FAX 06-6809-6604
URL https：//sakamotosogo.com/

行政書士・富樫眞一事務所

代表行政書士　富 樫　眞 一

〒241-0836　横浜市旭区万騎が原79番地2
TEL 045-367-7157　FAX 045-367-7157
URL https：//togashi1957.com/

山下行政・労務コンサルティング
山下行政書士事務所

代表
特定社会保険労務士・特定行政書士　山下　清徳

〒330-0845　さいたま市大宮区仲町3-105　千鳥ビル5F
TEL 048-856-9342　FAX 048-856-9304
URL http：//yamashitaconsulting.com/ 総合サイト
http：//www.saitama-souzoku-yuigon.com/ 相続・遺言サイト

司法書士

司法書士かなた法務事務所

代表司法書士　石井　一明

〒111-0034　東京都台東区雷門2-19-17　浅草雷一ビル3階
TEL 03-5830-9330　FAX 03-5830-9331
（フリーダイヤル）0120-802-514
URL https://kanata-law.com/ 総合サイト
https://souzoku.kanata-law.com/ 相続サイト
https://saimu.kanata-law.com/ 債務整理サイト
https://jikou-soudan-madoguchi.com/ 時効援用サイト

司法書士のぞみ総合事務所

代表司法書士　岡　信太郎

〒803-0814　北九州市小倉北区大手町7番38号　大手町ビル203
TEL 093-562-5778　FAX 093-562-5788
URL http：//www.shiho-nozomi.jp

社会保険労務士

アルテユース社会保険労務士事務所
全国遺族年金相談センター

代表
社会保険労務士　三浦　康紀

〒870-0934　大分県大分市東津留 2-10-11　ユナイテッド津留ビル 4F
TEL **0120-994-915**　FAX **050-3737-1322**
URL **https：//www.nenkin-izoku.com/**

堺社労士事務所
堺障害年金相談センター

代表
社会保険労務士　阪本　晋亮

〒590-0079　大阪府堺市堺区新町 5-32　新町ビル 505 号
TEL **072-245-9675**　FAX **072-245-9612**
URL **https：//sakai-shogainenkin.com/**

真田直和社会保険労務士事務所

代表
特定社会保険労務士　真田　直和

〒540-0026　大阪市中央区内本町 1-2-1　大晋第 3 ビル 702 号
TEL **06-6941-5226**　FAX **06-7635-9506**
URL **https：//www.nsanada-sr.jp/**

社会保険労務士法人NAGATOMO

代表社員
社会保険労務士　長友　秀樹

〒330-0843　さいたま市大宮区吉敷町 1-103　大宮大鷹ビル 206
TEL **048-778-7631**　FAX **048-778-7641**
E-mail **hnagatomo@nagatomo-office.com**
URL **http://nagatomo-office.com**

弁理士

和（なごみ）特許事務所

所長
弁理士　渥美　元幸

〈大阪オフィス〉
〒550-0005　大阪市西区西本町 1-8-11　カクタスビル 6F
TEL 06-6531-5575　FAX 06-6531-5539
〈長崎オフィス〉
〒850-0057　長崎市大黒町 10-10　KoKoRo ビル 602 号
TEL 050-5438-6222
URL http：//www.nagomi-pat.com/

中小企業診断士

水谷経営支援事務所
(One Step Beyond 株式会社)

代表
中小企業診断士　水谷　弘隆

〒103-0012　東京都中央区日本橋堀留町 1-10-1
カクタビル 2F シェア・プランニング内
TEL 090-6567-9320　FAX 03-6869-2843
URL https：//onestepbeyond.co.jp/
E-mail info@onestepbeyond.co.jp

一級建築士

株式会社北條建築事務所

代表取締役
一級建築士　北條　豊和

〒594-0011　大阪府和泉市上代町 826-2
TEL 0725-43-6502　FAX 0725-46-9020
URL https：//www.hojo-archi.jp/

おわりに

新型コロナウイルスのパンデミックによる影響で景気の先行きが見通せない今、わが国では多くの企業が未曽有の厳しい経営環境下に置かれています。感染拡大の防止策として事業所の多くがテレワークや就業時間短縮、時差出勤など様々な働き方の対応策が取られ、繁華街の飲食店では営業自粛を余儀なくされるなど、一〇〇年に一度といわれる今回の新型コロナ禍の中で、多くの人々が暮らしやビジネス、仕事、教育の面で様々なトラブルや今後への不安を抱えています。

依然、新型コロナウイルスは感染収束の兆しが見えず、社会は〝ウイズコロナ〟時代の新常態「ニューノーマル」への変容を求められ、事態の打開に向けて官民が懸命の取り組みを行っています。とりわけ日本経済をベーシックに支えてきた中小企業、小規模事業所の経営環境はまさに危機的状況にあり、「社会のドクター」といわれる士業専門家による的確なサポートが切迫感をもって求められています。

少子高齢化の進展で社会を支える生産年齢人口の減少が危惧され、コロナ禍を契機に改めて企業経営や雇用環境をはじめ、医療、介護、福祉、教育、行政など社会の営みのあらゆる分野での制度疲労、構造的な軋みが露呈し、実効ある抜本的対策の早期実施を求める声が強まっています。こうした社会の歪み、構造的な弛緩、ストレスが家庭や教育現場、職場環境、地域社会に投影し、深刻な社会病理の影を落としています。

こうした時代背景を受けて、相続や離婚などの家庭内の問題から、交通事故に代表される不測の事態、労務問題や事業承継、各種の契約、負債、M&A、知的財産など企業経営に関わる様々なトラブルや問題解決に取り組む「社会と暮らしのかかりつけ医」としての士業の皆さんの存在が、今改めて大きくクローズアップされています。

私たちはこれまで「社会のかかりつけ医」として各専門分野で活躍する優れた士業専門家にスポットを当てた「士業プロフェッショナル　暮らしとビジネスを力強くサポートする」をシリーズ刊行してまいりました。これまでに多くの読者からご好評をいただき、このたびシリーズ第五弾として「士業プロフェッショナル　二〇二一年版　暮らしとビジネスを力強くサポートする」を出版いたしました。

本書には高い志を持って、それぞれの専門領域で日夜業務に精励されている第一線の弁護士、税理士、社会保険労務士、司法書士、行政書士、弁理士、中小企業診断士、公認会計士、一級建築士の皆さんにご登場いただいています。それぞれの士業の専門家に親しく取材し、その活動の一端をご紹介しています。本書に収録させていただいた士業専門家の皆さんは、日々健全かつ斬新なビジネスの推進、持続可能な経営の安定成長に向け最適なサポートを行うとともに、個々人の豊かで平穏な暮らし、より安心・安全な社会生活の営みをエスコートするプロフェッショナルの方々です。

トラブル社会と揶揄される現在、法人、個人を問わず係争の発生件数は年々上昇曲線を描き、コロナ禍によってそれは加速の度を強めています。格差社会の広がりとともに多様化、複雑化を増す現代社会において、本書がさまざまな問題を抱えて悩む企業経営者や市井の生活者の皆様、また新たに起業を志すアントレプレナーやスタートアップの皆様に些かなりとお役に立てれば甚だ幸いです。

令和三年二月

株式会社　産　經　ア　ド　ス
産經新聞生活情報センター

「士業《しぎょう》プロフェッショナル　2021 年版《ねんばん》」
―― 暮らしとビジネスを力強くサポートする ――

発 行 日　令和 3 年 2 月 22 日　初版第一刷発行
編著・発行　株式会社ぎょうけい新聞社
〒 531-0071 大阪市北区中津 1 丁目 11 - 8
中津旭ビル 3F
Tel. 06 - 4802 - 1080　Fax. 06 - 4802 - 1082
企　　画　株式会社産經アドス
産經新聞生活情報センター
発　　売　図書出版 浪 速 社
〒 540-0037 大阪市中央区内平野町 2 丁目 2 - 7
Tel. 06 - 6942 - 5032 ㈹　Fax. 06 - 6943 - 1346
印刷・製本　株式会社 ディーネット

ISBN978-4-88854-536-5